# LE REGARD SACRÉ

ALAIN LEA

PUBLISHING

Copyright © Alain Lea (2023)

Le Regard Sacré
Publié par Christ In All Nations Publishing
Imprimé aux États-Unis d'Amérique

Livre de poche : 978-1-952806-26-1
Livre électronique : 978-1-952806-37-7
reliure rigide: 978-1-952806-38-4

# VOICI QUELQUES QUESTIONS FRÉQUEMMENT POSÉES POTENTIELLES (FAQ) POUR LE LIVRE "LE REGARD SACRÉ" :

1. Quel est le thème central du « Regard Sacré » ?

    *Le thème central tourne autour de l'exploration de la connexion complexe entre l'identité de chacun et sa relation avec le divin. Il plonge dans la révélation de la proximité de Dieu et de son impact sur notre existence.*

2. En quoi ce livre diffère-t-il des autres textes spirituels ou religieux ?

    *« Le Regard Sacré » n'est pas seulement un livre religieux ou spirituel ; c'est une expédition dans l'identité personnelle et l'intimité divine. Il fusionne des insights spirituels profonds avec une sagesse pratique, offrant un voyage transformateur plutôt qu'un ensemble de doctrines.*

3. Qui est le public cible de ce livre ?

    *Le livre accueille quiconque recherche une compréhension et une connexion plus profondes : des personnes remettant en question leur dessein, des chercheurs spirituels et ceux qui aspirent à un sentiment d'appartenance et d'identité plus profonds dans le divin.*

4. Ce livre est-il en accord avec une croyance religieuse ou une dénomination spécifique ?

*Le livre transcende les barrières confessionnelles. Bien ancré dans les principes chrétiens, il adopte une perspective universelle, se concentrant sur l'essence de la connexion divine et de l'identité humaine, qui transcende les frontières religieuses.*

5. Quels sont les enseignements clés que les lecteurs peuvent attendre du « Regard Sacré » ?

*Les lecteurs peuvent anticiper une compréhension renouvelée de leur valeur et de leur dessein, une connexion plus profonde avec leur identité en Christ, ainsi que des révélations sur la profondeur de l'amour de Dieu et notre inclusion en Lui.*

6. Comment ce livre vise-t-il à impacter la vie des lecteurs ?

*Le livre vise à catalyser la transformation personnelle en offrant une nouvelle perspective sur l'identité, en favorisant un sentiment profond d'appartenance, et en inspirant les lecteurs à embrasser une vie imprégnée d'amour, de dessein et de connexion divine.*

7. Le Regard Sacré est-il plus théorique ou pratique dans son approche ?

*Bien qu'il présente des concepts stimulants et des insights spirituels, il est tout aussi pratique. Il offre des étapes et des réflexions à mettre en œuvre, encourageant les lecteurs à appliquer les insights à leur vie, favorisant ainsi la croissance personnelle et la profondeur spirituelle.*

8. Y a-t-il des exercices ou des pratiques inclus dans le livre ?

*Oui, le livre intègre des exercices de réflexion, des questions stimulantes et des applications pratiques à la fin de chaque chapitre. Ils visent à aider les lecteurs à intérioriser les concepts discutés et à les appliquer à leur vie quotidienne.*

9. Ce livre peut-il être bénéfique pour des individus de niveaux de maturité spirituelle variés ?

    Absolument. Que vous commenciez à explorer la spiritualité ou que vous soyez expérimenté dans votre cheminement spirituel, « Le Regard Sacré » offre des insights et une sagesse qui résonnent avec des individus à différents stades de croissance spirituelle.

10. Le Regard Sacré est-il un livre autonome, ou suggère-t-il d'autres ressources pour une croissance continue ?

    Bien que « Le Regard Sacré » soit un guide complet à lui seul, il encourage également les lecteurs à explorer d'autres ressources, communautés ou pratiques qui complètent et approfondissent leur cheminement spirituel au-delà des pages du livre.

La connaissance de Dieu s'inscrit non seulement dans les structures rationnelles, mais aussi dans les structures personnelles et sociales de la vie humaine, où l'Esprit est à l'œuvre en tant que l'Esprit personnalisant. En tant que présence vivante de Dieu qui nous confronte à son être personnel, qui s'adresse à nous dans sa Parole, nous ouvre à lui-même et appelle en nous la réponse de la foi et de l'amour, il réhabilite le sujet humain en le soutenant dans ses relations personnelles avec Dieu et avec ses semblables.

*-Thomas F. Torrance, Dieu et la rationalité, 1971.*

«Tu nous as créés pour toi, et notre cœur est agité jusqu'à ce qu'il se repose en toi.

*-Augustin, Confessions, 397-400.*

«Abandonnons donc la vanité de la foule et ses faux enseignements, et revenons à la Parole qui nous a été donnée dès le commencement.

*-Polycarpe de Smyrne, 65-155 après J.-C.*

«Les hommes ont abandonné Dieu et ont fait des images taillées à la main. Puisque l'on adorait faussement comme Dieu l'image humaine, Dieu s'est fait véritablement Homme, afin que l'imposture disparaisse.»

*-Cyrille de Jérusalem, 315-387 après J.-C.*

«Car Dieu est bon - ou plutôt, il est la source de toute bonté».

*- Athanase d'Alexandrie, Sur l'incarnation*

# TABLE DES MATIÈRES

**PRÉFACE** ............................................................... 10
**INTRODUCTION** ................................................... 12

## CHAPITRE UN — 16

Alors, où est Dieu ? ...................................................... 18
Dieu, l'Espace et le Lieu ............................................... 20
Dieu dans la création .................................................... 22
Christ, pleinement Dieu et pleinement homme ............. 23
En Toi et à travers Toi .................................................. 25
Vous l'avez déjà ............................................................ 26
Tous et chacun .............................................................. 27

## CHAPITRE DEUX — 31

Né de la perfection ....................................................... 32
La grande proposition ................................................... 34
Moments de Valeur… ................................................... 35
Son initiative d'amour… ............................................... 36
En lui… ......................................................................... 37

## CHAPITRE TROIS — 39

Relation significative .................................................... 41
La genèse de la discorde ............................................... 42
L'égalité comme fondement de la véritable intimité ..... 43
Le mirage de la séparation… ........................................ 43
L'Authenticité Elusive… .............................................. 44
La lutte identitaire… ..................................................... 45
Le mensonge ................................................................. 45
L'illusion de la séparation ............................................. 47
Dieu, le plus grand croyant ........................................... 48
Union parfaite ............................................................... 49
Obéissance ou fausse humilité ? ................................... 51
Dans quel sens Dieu est-il présent pour le « non-croyant » ? ........ 52

## CHAPITRE QUATRE — 54

Réflexion sur l'adoption .................................................................. 55
L'essence de l'appartenance ............................................................. 57
Père de tous ...................................................................................... 59
La profondeur insondable de l'amour de Dieu ................................ 60
Hypothèses précipitées et idées fausses concernant l'amour de Dieu .. 61
Contre tous Les Malentendus .......................................................... 63
Plus de ouï-dire ................................................................................ 64
La Puissance de la connaissance dévoilée ....................................... 64

## CHAPITRE CINQ — 67

La joie inhérente .............................................................................. 69
Espoir pour un nouvel aube ............................................................ 70
Plaisir sans fin .................................................................................. 72
La Puissance de l'amour dans l'unité .............................................. 73
Participants aux réalités objectives ou subjectives ? ...................... 75

## CHAPITRE SIX — 77

Affronter la controverse .................................................................. 78
Je parle donc je suis ......................................................................... 79
Innocent devant lui ......................................................................... 81
Le vrai pain ...................................................................................... 83
La conclusion ultime ....................................................................... 85
Discerner la conscience divine ....................................................... 86

## CHAPITRE SEPT — 89

Substitution Vicariante ................................................................... 91
Metanoïa .......................................................................................... 95
Repentance redéfinie ....................................................................... 97
Foi redéfinie ..................................................................................... 98
Foi ou pensée positive ? ................................................................ 100
Le donateur est dans le sac ........................................................... 101
Fou Amoureux .............................................................................. 102
Temps Racheté .............................................................................. 104
Dieu de justice ............................................................................... 105

## CHAPITRE HUIT — 107

- Amour sans limites : immuable .................................................. 108
- Guerre Spirituelle ........................................................................ 109
- Êtes-vous une victime ? .............................................................. 111
- Intensité de l'amour de Dieu ...................................................... 112
- L'intensité de l'incarnation ......................................................... 115
- L'amour éveillé ............................................................................ 116
- Ressemblance miroir .................................................................. 116

## CHAPITRE NEUF — 118

- Offrande étonnée ........................................................................ 120
- Acceptation étonnée ................................................................... 121
- La meilleure nouvelle, pas ce que vous pensiez… ................... 122
- Unis avec le Christ, pas une illusion… ..................................... 124
- Contemplez et devenez ............................................................... 126
- Vous Appartenez ......................................................................... 127
- Libre d'être vous ......................................................................... 128
- Amour - Qui Vous êtes ............................................................... 130
- Moments d'amour ....................................................................... 131

## CHAPITRE DIX — 133

- Rôle de l'Église ............................................................................ 134
- Pratiquants de la parole, pas seulement des auditeurs ............ 135
- Ce que nous entendons .............................................................. 137
- Comment nous entendons ......................................................... 138
- Ce que nous avons vu et contemplé .......................................... 139
- Le Royaume Est Arrivé ............................................................... 141

**Conclusion** .................................................................. 143

**Ressources Additionnelles :** ................................... 146

**Retour à la Maison** .................................................... 149

**Remerciements** .......................................................... 151

**Vous Êtes-vous amusé ?** .......................................... 153

**Autres livres d'Alain Léa** ......................................... 155

**A propos de l'auteur** .................................................. 156

# PRÉFACE

Avez-vous déjà ressenti les ondulations de l'incertitude poussant le cœur même de votre être? Avez-vous remis en question le tissu de votre existence, vous demandant si la vie n'est rien de plus qu'un jeu de circonstances aléatoires dans un vaste cosmos matériel? Il est temps de prendre le large pour une odyssée introspective, un voyage pour découvrir le schéma complexe de votre identité tissé dans la toile de la conception divine

Dans les quartiers intimes de votre âme, Dieu détient la connaissance intime de chaque fibre de votre être. Vous voyez, vous avez été façonné avec une capacité inhérente à l'amour, un reflet exquis de l'essence même de Dieu lui-même (1 Jean 4:8).

Préparez-vous à une expédition transformative aux côtés de la Sainte Trinité, un voyage transformateur qui ne promet pas seulement le changement mais garantit une transformation durable. Imaginez ceci : Jésus n'est pas venu simplement comme une figure lointaine à imiter ; Il a marché parmi nous, une révélation incarnée de l'image divine (Colossiens 1:15).

Bien avant votre premier souffle, Dieu vous a bercé dans le sanctuaire de son cœur (Jérémie 1:5). L'amour est tissé dans votre essence parce que vous êtes un reflet rayonnant de l'incarnation ultime de l'amour (Genèse 1:27). Lorsque Dieu vous appelle, son invitation s'étend à une vie remplie à ras bord d'un amour sans limites (Matthieu 4:18-22).

Voici la réalité stupéfiante : la proximité de Dieu avec vous transcende les limites physiques. Sa proximité est plus profonde que de simples adjacences spatiales ; c'est une intimité qui défie la compréhension. Dieu n'est pas seulement proche ; Il est intérieur—résidant dans les profondeurs de votre être même (Actes 17:27-28).

Cette vérité révélatrice brise l'illusion de la séparation, pulvérisant les barrières entre 'nous' et 'eux'. Vous appartenez à Dieu, et Il est indissociablement lié à vous. Cette révélation profonde résonne avec une simplicité magnifique (Colossiens 1:27).

La foi n'est pas une poursuite incessante ; c'est un éveil à la vérité indélébile que votre Créateur vous tient près de lui. C'est un éveil à la nature délicieuse de Dieu, et à votre rôle unique dans la réflexion de sa divine caractère à chaque instant (1 Jean 3:1).

Votre véritable identité n'est pas définie par votre passé ou vos actions mais illuminée par votre position en Christ. Explorer cette vérité fondamentale est une expédition à couper le souffle—un voyage qui dévoile des révélations profondes (Éphésiens 2:10). En plongeant dans les profondeurs de la personnalité du Christ, vous découvrirez des aperçus sur votre propre identité, rayonnant son amour dans un monde affamé de celui-ci.

Dans ces pages réside une clé—une entrée vers la brillance de votre conception et un dévoilement de Dieu sous des formes jusqu'alors inconnues. Vous n'êtes pas une simple création ; vous êtes le reflet resplendissant de sa majesté (2 Corinthiens 3:18).

*C'est, sans aucun doute, une vie qui vaut la peine d'être savourée !*

# INTRODUCTION

Dans les profondeurs de votre existence se trouve une histoire méconnue, un récit murmuré par le divin—un récit en attente d'être dévoilé. Bienvenue dans le voyage du «Regard Sacré», où les fils cachés de votre identité se tissent avec le divin, formant une tapisserie complexe de dessein, d'appartenance et d'amour profond.

**Embrasser le Sacré Intérieur**

Vous arrive-t-il parfois, dans les moments calmes de la vie, de contempler la grande tapisserie de l'existence, de questionner le design complexe de votre être ? Peut-être avez-vous ressenti l'appel de la curiosité, un désir d'explorer les profondeurs de votre identité au-delà des couches superficielles de l'existence. Le Regard Sacré vous invite dans une expédition transformative—un pèlerinage de l'âme—pour déterrer le schéma divin gravé dans la toile de votre être.

Ce livre est une boussole vous guidant à travers le labyrinthe de l'existence humaine, cherchant non pas seulement des réponses mais des révélations—sondant les questions intemporelles qui résonnent dans les chambres de votre cœur.

## Une Symphonie d'Identité et de Divinité

Au cœur du « Regard Sacré » se trouve l'union envoûtante entre votre identité et le divin. C'est une symphonie harmonieuse où les notes de votre essence résonnent avec les accords divins du Créateur. Imaginez un récit où votre histoire s'entrelace harmonieusement avec le récit divin—où le rythme de votre battement de cœur s'aligne avec la symphonie cosmique de la création.

En ces pages, vous découvrirez que votre identité n'est pas simplement le produit du hasard ou des circonstances. Non, c'est un chef-d'œuvre méticuleusement façonné par la main divine—un reflet d'un amour sans limites et d'une intentionnalité divine.

## Un Voyage Au-delà du Banal

Loin d'être une exploration banale, « Le Regard Sacré » est une odyssée au cœur de l'existence. Il transcende la routine, offrant une perspective transformative qui illumine l'ordinaire de la splendeur de l'extraordinaire. Ici, les trivialités de la vie quotidienne se dévoilent en des moments débordant de signification divine.

Chaque chapitre est une invitation—à plonger plus profondément, à contempler à travers le prisme du sacré, et à contempler les empreintes divines imprimées sur la toile de votre existence. En embarquant dans cette odyssée, préparez-vous à être plongé dans un océan de révélation, où chaque découverte déploie un nouveau voile de votre identité christique.

## Illuminer la Présence Divine

Considérez ceci—bien avant l'aube du temps, le Créateur vous a imaginé, vous a tissé de manière complexe dans la toile de son imagination divine. Dans chaque fibre de votre être, l'amour résonne, car vous êtes façonné à l'image même de l'incarnation ultime de l'amour lui-même.

« Le Regard Sacré » ne concerne pas seulement les méditations philosophiques ou les concepts abstraits. Non, il s'agit d'illuminer la présence divine à l'intérieur et autour de vous. Il s'agit de reconnaître que le divin n'est pas un dieu lointain confiné aux royaumes célestes mais un compagnon proche, résidant dans les profondeurs de votre être.

### Révélation et Redécouverte

Ce n'est pas un livre qui transmet simplement du savoir; c'est un oracle qui chuchote des vérités en attente d'être embrassées. Il vous invite à regarder à travers les voiles de la familiarité, dévoilant les mystères profonds de la connexion divine et de la redécouverte de soi.

Chaque chapitre sert de passage à la révélation, un portail vous guidant à travers le labyrinthe de vos pensées les plus intimes, de vos croyances et de vos perceptions. C'est une odyssée de redécouverte—un voyage de retour au cœur de votre vrai identité, où l'amour divin règne en maître.

### Combler les Gaps, Effacer les Frontières

Le Regard Sacré n'est pas limité par les limitations de la croyance, de la culture ou des systèmes de croyance. Il transcende les frontières qui divisent, cousant ensemble les fils communs qui unissent l'humanité—une célébration de l'unité dans la diversité, de l'acceptation à la place du jugement, et de l'amour à la place de la discorde.

À travers ses pages, «Sacred Gaze» tisse une tapisserie d'inclusivité, invitant des individus de tous horizons à explorer les couloirs de leur âme et à découvrir le divin en eux.

## L'Appel à la Transformation

Voici la vérité profonde—votre identité n'est pas un destin prédéterminé ou une série de circonstances fortuites. C'est une transformation en cours—une métamorphose façonnée par des rencontres avec le divin, dévoilant des couches d'amour, de dessein et de signification.

À chaque tour de page, «Le Regard Sacré» appelle à une transformation—un dépouillement des couches qui dissimulent la brillance de votre conception divine. C'est une invitation à entrer dans la plénitude de votre identité, à embrasser le sacré à l'intérieur et à le rayonner dans un monde avide d'authenticité.

## Conclusion : Un Voyage Vous Attend

Cher amoureux (se) de l'Evangile, préparez-vous à embarquer pour un voyage qui transcende le temps et l'espace. « Le Regard Sacré » n'est pas juste un livre—c'est un récit transformateur qui vous invite à dévoiler les mystères de votre âme et à découvrir l'essence divine en vous. Ce voyage ne consiste pas à atteindre une destination mais à embrasser la beauté du chemin—le chemin qui mène à une compréhension plus profonde de votre identité sacrée et de l'amour sans limites qui l'enveloppe.

Préparez-vous à explorer, à questionner, à expérimenter et à embrasser le sacré qui réside à l'intérieur. Votre voyage dans les profondeurs du « Regard Sacré » commence maintenant.

# CHAPITRE
# **UN**

# CHAPITRE UN

Dès l'instant où nous entrons dans ce monde, une quête innée commence : une recherche de subsistance, de chaleur, de confort et de but. C'est la condition humaine d'aspirer à quelque chose au-delà des limites de notre existence, à quelque chose qui transcende nos limites. À mesure que nous mûrissons, ce désir d'épanouissement nous conduit sur des chemins divers. Certains cherchent du réconfort dans des vices comme la drogue ou la promiscuité, tandis que d'autres recherchent l'épanouissement dans la famille, la carrière ou les cercles sociaux. Pourtant, ces voies, bien qu'elles apportent un réconfort temporaire, ne parviennent pas à combler complètement le vide en nous. Ils nous laissent scruter nous-mêmes, aux prises avec des questions sans réponse, car la réponse que nous cherchons dépasse tout ce que nous pouvons créer dans nos propres limites.

Je partage votre scepticisme.

«Tu vas probablement parler de Dieu, n'est-ce pas ?»

Et puis viennent les réfutations :

«J'ai épuisé la religion et l'idée de Dieu.»

«Il n'y a aucune preuve de l'existence de Dieu.»

«Dieu n'est pas apparu dans ma vie.»

«J'ai déjà entendu tout ça.»

Voici mon défi : pensez à ouvrir à nouveau votre cœur et votre esprit. Oui, la réponse réside dans le concept de Dieu, mais le voyage vers son étreinte et sa connexion personnelle n'est pas aussi compliqué que le prétendent les constructions religieuses. C'est comme si un enfant acceptait simplement l'amour pur d'un parent. La complexité s'installe lorsque nous essayons de rationaliser notre réponse à son amour, ce qui complique les choses parce que nous l'abordons avec notre capacité limitée de recevoir plutôt que de l'embrasser comme le Christ le propose librement.

Il est intéressant de noter que même dans les Écritures, Jésus recommande la discrétion. Dans Marc 3 : 12, il « les avertit sincèrement de ne pas dire qui il était ». Même lorsqu'il accomplissait des miracles, il demandait souvent aux guéris de garder le silence sur l'événement. Il ne s'agissait pas de Dieu qui se cachait ; il s'agissait de souligner qui Il est, pas seulement ce qu'Il fait. Tout comme toute relation authentique se nourrit de l'amour mutuel, aimer Dieu initie un voyage vers sa connaissance profonde – une expédition alimentée par la passion. Plus votre amour pour Lui est fervent, plus vous vous retrouverez à plonger dans les Écritures et à chercher des conseils auprès des mentors, des guides spirituels envoyés comme cadeaux pour votre croissance. Cherchez sérieusement et vous découvrirez. Que cela marque le début de notre pèlerinage.

## ALORS, OÙ EST DIEU ?

J'ai eu des discussions approfondies avec des amis sur l'endroit où nous trouvons Dieu, en particulier la présence de Jésus-Christ.

Il existe des points de vue divers parmi nous. Certains croient fermement que Dieu ne peut pas résider chez certaines personnes, en particulier celles qui ne partagent pas nos croyances. D'un autre côté, certains voient la présence de Dieu non seulement dans les hommes mais dans l'ensemble de la création.

En réfléchissant à cela, un verset de Matthieu 25 : 35-40 m'a profondément frappé :

«'Car j'avais faim et vous m'avez donné à manger, j'avais soif et vous m'avez donné à boire, j'étais un étranger et vous m'avez accueilli, j'étais nu et vous m'avez habillé, j'étais malade et vous m'avez rendu visite, j'étais en prison et tu es venu vers moi. Alors les justes lui répondront en disant : « Seigneur, quand t'avons-nous vu affamé et t'avons-nous nourri, ou assoiffé et t'avons-nous donné à boire ? Et quand t'avons-nous vu étranger et t'avons-nous accueilli, ou nu et t'avons-nous habillé ? Et quand est-ce que nous vous voyons malade ou en prison et vous rendons visite ? Et le roi leur répondra : « En vérité, je vous le dis, comme vous l'avez fait à l'un de ces plus petits de mes frères, c'est à moi que vous l'avez fait. »

Cela m'a frappé que Jésus se soit vu dans des endroits inattendus :

Chez des inconnus.

Chez les pauvres.

Chez les riches.

Chez les criminels – derrière les barreaux.

Chez les malades.

Chez les marginalisés.

Peut-être que la prudence de Jésus ne concerne pas le fait de le voir chez un trop grand nombre de personnes, mais plutôt notre incapacité à le reconnaître chez des individus improbables et des situations pénibles.

Lorsque Dieu a pris forme humaine en Christ, il a embrassé l'humanité à un tel point qu'il s'est complètement identifié à chaque être humain. Il considère même les plus vulnérables comme ses frères. Tout ce que nous faisons au plus petit d'entre nous, nous le lui faisons.

Il n'est pas étonnant que Paul ait conseillé à Tite de « ... ne dire du mal de personne, d'éviter les querelles, d'être doux et de faire preuve de courtoisie envers tout le monde ». (Tite 3:2)

Reconnaître le Christ en chaque personne n'est pas seulement une doctrine pour excuser l'indifférence ; c'est un mode de vie qui régit la façon dont j'interagis avec chaque étranger. C'est une anticipation de la rencontre avec la vie du Christ dans chaque conversation. Cette reconnaissance ne reste pas seulement une croyance ; cela se traduit par des actions tangibles dans la vie quotidienne.

Notre première étape dans la recherche de Dieu consiste à reconnaître qu'Il nous a trouvés le premier. Il s'agit de voir sa présence chez les autres et d'honorer sa création. Vous faites partie de Sa création. N'avez-vous pas parfois souhaité être traité avec plus de gentillesse ? N'y a-t-il pas eu des moments où vous souhaitiez que quelqu'un en conflit avec vous cherche à comprendre ? Le changement commence en nous : c'est un voyage qui commence par la reconnaissance de la présence de Dieu dans tous les êtres.

## DIEU, L'ESPACE ET LE LIEU

La nature de l'existence de Dieu, transcendant l'espace et le temps, est un concept qui se répercute dans les textes anciens et dans les compréhensions historiques.

En contemplant l'omniprésence de Dieu, il est crucial de reconnaître que son existence est antérieure à la création du temps et de l'espace tels que nous les connaissons. La Bible elle-même, dans des passages comme le Psaume 90 : 2, souligne la nature éternelle de Dieu : « Avant que les montagnes ne naissent et que tu n'aies enfanté le monde entier, d'éternité en éternité tu es Dieu. Cela implique que Dieu existe au-delà des limites temporelles.

Les textes religieux anciens de diverses cultures expriment également des sentiments similaires à propos d'un être divin existant en dehors des limites du temps et de l'espace. Par exemple, les écritures hindoues décrivent le concept de « Brahman », une réalité ultime qui transcende les limites de l'espace et du temps.

De plus, des théories scientifiques telles que le Big Bang suggèrent un début de notre univers, un moment où le temps et l'espace sont apparus. Cependant, la question se pose : qu'est-ce qui existait avant ce moment ? Cette enquête plonge dans le domaine de la métaphysique, où les notions de Dieu existant au-delà de l'espace et du temps gagnent du terrain.

Historiquement, les théologiens et les philosophes de toutes les cultures se sont penchés sur ce concept. Les premiers théologiens chrétiens comme Augustin d'Hippone envisageaient l'existence de Dieu au-delà du temps, déclarant : « Dieu se tient toujours dans l'éternel présent, transcendant le temps ».

Dans la physique moderne, des théories telles que la théorie de la relativité d'Einstein et la mécanique quantique proposent des dimensions au-delà de notre univers observable, faisant allusion à la plausibilité de réalités existant en dehors de notre continuum espace-temps perçu.

Cela s'aligne sur la notion biblique d'Éphésiens 3 : 18-19 qui parle des dimensions de Dieu au-delà de la compréhension humaine : « Ils auront le pouvoir, avec tout le peuple saint du Seigneur, de comprendre combien l'amour du Christ est vaste, long, haut et profond., et connaître cet amour qui surpasse la connaissance, afin que vous soyez remplis à la mesure de toute la plénitude de Dieu.

La compréhension de l'existence de Dieu au-delà de l'espace et du temps remet en question les concepts spatiaux conventionnels. C'est une reconnaissance de son omniprésence, un concept présent dans les écritures anciennes, les réflexions philosophiques et les théories scientifiques modernes – un témoignage de la profondeur et de la complexité du divin.

## DIEU DANS LA CRÉATION

Alors, que disent les Écritures sur la présence de Dieu dans la création ?

Les Écritures fournissent un aperçu profond de l'omniprésence de Dieu dans la création :

Dans Colossiens 1 :16-17 (AMP), il est articulé : « Car c'est en lui que toutes choses ont été créées, dans le ciel et sur la terre, les choses visibles et les choses invisibles... Et lui-même existait avant toutes choses, et dans Pour lui, tout consiste. » Ce verset résume comment la création tire son existence et sa subsistance de Lui.

De même, 1 Corinthiens 8 : 6 (AMP) réaffirme : « Pour nous, il n'y a [qu'un] seul Dieu, le Père, qui est la Source de toutes choses et un seul Seigneur, Jésus-Christ, par et par qui sont tous. choses et à travers et par qui nous [nous-mêmes existons].» Cela met l'accent sur le rôle du Christ en tant que soutien et source de l'existence.

Hébreux 1 : 3 (AMP) illumine Christ comme l'expression de la nature de Dieu, soutenant l'univers à travers sa parole puissante.

Éphésiens 4 :10 (AMP) décrit le statut exalté du Christ, remplissant l'univers entier de sa présence.

Comprendre où se trouve Dieu s'étend au-delà des frontières spatiales ; c'est intrinsèquement lié à qui Il est. S'Il est le soutien et le créateur de toutes choses, alors Son omniprésence devient indéniable. Sa présence soutient activement la création, sans laquelle l'existence elle-même échouerait.

Cependant, l'intérêt de Dieu pour l'humanité dépasse la simple subsistance ; Il recherche la compagnie et une relation dynamique. Il aspire à exprimer son caractère à travers des individus, non seulement comme une présence silencieuse mais comme une amitié vivante et dynamique.

Cela correspond aux paroles de Paul dans Actes 17 :28, traitant de la présence de Dieu même parmi les incroyants d'Antioche, reconnaissant qu'en Dieu, l'humanité vit, bouge et existe.

Pour expérimenter la présence de Dieu, pensez à cet exercice : entrez dans la nature, loin de l'agitation du bruit. Trouvez du réconfort au milieu des arbres, d'un jardin ou d'un parc serein. Tenez-vous tranquillement, les bras croisés ou les mains derrière le dos, et laissez votre esprit vagabonder. Au milieu de l'étreinte de la nature, un sentiment de paix peut vous envahir – une connexion sereine semblable à celle d'une rencontre avec un ami cher autour d'un café. Cet exercice, précurseur d'un engagement direct avec Dieu, ouvre la porte à la reconnaissance de sa présence avant d'entrer dans des expériences plus profondes.

## CHRIST, PLEINEMENT DIEU ET PLEINEMENT HOMME

La double nature du Christ, pleinement Dieu et pleinement homme, est un concept profond et complexe qui transcende la simple compréhension humaine. Ce n'est pas une mesure réactionnaire pour remédier à la chute de l'humanité ; il représente plutôt l'essence fondamentale de toute création.

Pour comprendre la nature du Christ, il est essentiel de comprendre qu'Il n'est pas une réflexion secondaire dans le dessein de Dieu pour la rédemption de l'humanité. Il est la source et l'essence même d'où proviennent toutes choses. Dans Jean 1 :1-3, il est exprimé : « Au commencement était la Parole, et la Parole était avec Dieu, et la Parole était Dieu. Il était avec Dieu au commencement. Par elle toutes choses ont été faites ; sans lui, rien n'a été fait de ce qui a été fait. » Cette écriture accentue la préexistence du Christ et son rôle en tant que Parole divine, partie intégrante de la création de toutes choses.

Le Christ ne sert pas simplement de solution miracle à l'état déchu de l'humanité ; Il incarne l'idée même et l'existence de la création elle-même. Colossiens 1 : 15-17 souligne ceci : « Le Fils est l'image du Dieu invisible, le premier-né de toute la création. Car en lui toutes choses ont été créées : les choses dans les cieux et sur la terre, les visibles et les invisibles, les trônes, les puissances, dominations ou autorités ; toutes choses ont été créées par lui et pour lui. Il est avant toutes choses, et en lui toutes choses tiennent ensemble. « Ce passage souligne la prééminence du Christ dans la création et sa puissance de maintien.

Les preuves historiques et le discours théologique sur la double nature du Christ ont intrigué les chercheurs et les théologiens au fil des siècles. Le Concile de Chalcédoine en 451 après JC a articulé la compréhension de la nature du Christ, affirmant qu'Il est pleinement Dieu et pleinement homme sans confusion, division ou séparation. Cette déclaration a été un moment charnière dans la consolidation de la compréhension de l'Église de la nature du Christ.

Le rôle du Christ va au-delà d'une simple solution à la situation difficile de l'humanité ; Il est la pierre angulaire sur laquelle est tissé le tissu de l'existence. Il est la Parole divine qui donne un but et une signification à toutes choses, comblant le fossé entre le divin et l'humain. Cette profonde vérité sur le Christ souligne son rôle central dans le grand récit de la création et de la rédemption.

## EN TOI ET À TRAVERS TOI...

La fusion complexe de la double nature du Christ, pleinement Dieu et pleinement homme, incarne une union profonde plutôt qu'une division. Son incarnation a dévoilé l'unité inhérente entre la divinité et l'humanité, soulignant que Dieu habite confortablement la forme humaine. Son objectif n'était pas simplement d'exister en tant qu'entité distincte mais d'incarner visiblement l'humanité. Il désirait marcher parmi nous, percevoir le monde à travers les sens humains et articuler les vérités divines à travers des expressions humaines. Le cœur de sa mission était de manifester concrètement la divinité à travers l'humanité, en touchant la création à travers des vaisseaux humains.

Historiquement, les premiers conciles de l'Église, y compris le concile de Nicée en 325 après JC et le concile de Chalcédoine en 451 après JC, ont longuement délibéré et articulé la nature de l'incarnation du Christ. Ces rassemblements cruciaux ont solidifié la compréhension que le Christ est à la fois pleinement divin et pleinement humain, un concept qui reste fondamental dans la théologie chrétienne.

L'essence de la mission du Christ ne se limitait pas aux limites d'un sanctuaire construit ou à des visites éphémères. Son intention était d'établir une demeure permanente dans le cœur humain, transcendant les limitations spatiales.

De la même manière que Dieu est présent dans toute la création, il aspire également à s'exprimer à travers les individus. Il y a des moments où un simple acte de gentillesse évoque une profonde chaleur intérieure, une sensation qui résonne profondément. Considérez les effets d'entraînement de vos actions (un mot d'encouragement, un coup de main) susceptibles de modifier toute la trajectoire de quelqu'un. Jésus a illustré cet engagement compatissant, démontrant le pouvoir transformateur de la gentillesse et de l'amour authentiques.

Réfléchir à ces exemples nous permet de saisir la nature profonde de l'incarnation du Christ. Sa présence en nous nous invite à imiter sa compassion dans nos interactions avec les autres, favorisant un effet d'entraînement de gentillesse et d'amour qui transcende les frontières et transforme les vies.

## VOUS L'AVEZ DÉJÀ...

Le nom « Jésus-Christ » résonne avec une signification profonde : Sauveur oint, accordé à Celui destiné à sauver l'humanité des tendances autodestructrices. L'adversaire de l'humanité ne se cache pas dans l'ombre de l'inconnu ; il se cache plutôt dans l'ombre de l'ignorance, obscurcissant la compréhension de l'humanité.

L'idée fausse selon laquelle la présence de Dieu est lointaine et inaccessible est un bastion répandu – une tromperie qui détourne l'attention de la reconnaissance de Sa plénitude en nous et en chaque individu. La vérité résonne différemment, comme en témoigne 1 Corinthiens 4 :8 (Message Bible) : « Vous avez déjà tout ce dont vous avez besoin. Vous avez déjà plus d'accès à Dieu que vous ne pouvez en gérer. » Ce verset souligne la complétude inhérente et la proximité avec Dieu que possède l'humanité.

Au milieu de la quête du sens et de la signification de la vie, l'essence du royaume est dévoilée : un royaume où le Dieu invisible devient visible sous forme humaine. Pourtant, l'humanité a négligé cette vérité inhérente. La tragédie de la disparition humaine ne réside pas dans le fait de manquer de ce qui est nécessaire à une vie épanouie, mais dans le fait de succomber à un ennemi profond : l'ignorance.

L'arrivée du Christ marque la résurgence de l'amour éternel de Dieu, démontrant le même amour évident depuis la création de la création. Il reflète la conception authentique de l'humanité, invitant chacun à embrasser sa véritable identité. Il n'est pas venu uniquement comme exemple pour l'humanité mais comme incarnation de l'humanité elle-même, révélant la nature étroitement liée de la divinité et de l'humanité.

Romains 3 : 23 met en lumière la situation difficile de l'humanité, rappelle les défauts inhérents et le besoin d'introspection, incitant les individus à rechercher leur propre compréhension. Cette étape du voyage de découverte de soi dévoile la gloire originelle voulue par Dieu pour l'humanité.

La mission rédemptrice du Christ ne consistait pas à transcender l'humanité mais à dévoiler le plan intemporel de Dieu : l'humanité elle-même. Il reflète le plan original du Créateur, dévoilant l'amour profond ancré en chaque individu depuis la nuit des temps. Embrasser le Christ revient à redécouvrir l'amour éternel du Créateur qui a donné naissance à l'humanité et à comprendre à quel point l'humanité a toujours été profondément chérie et aimée.

## TOUS ET CHACUN

Les versets scripturaires d'Éphésiens 4 :4-7 soulignent l'unité du dessein de Dieu pour l'humanité. Il résonne avec l'essence de l'unité et la nature diverse mais interconnectée de la grâce de Dieu, mettant l'accent sur les aspects universels et personnels de son plan rédempteur.

Dans Romains 9 :27 (MSG), Paul décrit l'approche de Dieu vers le salut, illustrant que Dieu ne perçoit pas les individus comme de simples nombres mais appelle chaque personne par son nom. Cet appel personnel signifie une relation intime et distincte avec le Divin, transcendant les calculs numériques.

Comprendre l'œuvre de Dieu à travers le Christ nécessite d'embrasser à la fois sa portée globale et son objectif intime. Trop insister sur l'aspect personnel pourrait conduire à l'exclusivité et à l'isolement, tandis que se concentrer uniquement sur l'aspect universel pourrait rendre la rédemption impersonnelle et théorique.

L'essence de l'Évangile réside dans la profonde réconciliation de tous avec Dieu, manifestée dans une rencontre profondément personnelle avec le Christ. Cette connexion individuelle n'est pas isolante ; au lieu de cela, il invite l'humanité dans une relation tout aussi unique et personnelle avec le Divin.

Considérez votre relation avec Dieu comme la construction d'une commode à l'aide d'un manuel. Vous ne pouvez pas faire exister la commode : cela nécessite une planification méticuleuse, la compréhension des instructions, l'acquisition des bons outils et leur application méticuleuse. Au départ, le produit final peut rester invisible, mais progressivement, les progrès dévoilent la forme de la commode. De même, s'engager avec Dieu nécessite une implication étape par étape et une adhésion à ses conseils, conduisant à une illumination progressive et à des révélations impressionnantes sur la relation qui se développe avec le Tout-Puissant.

L'étendue de l'œuvre rédemptrice de Dieu et le caractère inclusif de sa grâce sont des thèmes centraux dans les enseignements de Paul. Le mot « tous » apparaît fréquemment dans les écrits de Paul, soulevant des questions sur l'ampleur et la profondeur du plan de Dieu pour l'humanité.

Dans Colossiens 1 : 15-20, Paul décrit la suprématie du Christ sur toute la création. Il affirme que l'œuvre rédemptrice du Christ englobe tout, visible ou invisible, et qu'Il réconcilie toutes choses avec Lui-même. La portée n'est pas limitée à un public spécifique mais englobe l'ensemble du domaine créé.

Romains 5 : 18 souligne en outre la nature globale de la rédemption. Paul explique que, tout comme la condamnation est venue à tous par l'offense d'un seul homme, de même la justification et la vie sont venues à tous par l'acte juste de Christ. Cette portée universelle souligne la vaste portée du plan rédempteur de Dieu.

L'utilisation par Paul du « tout » dans ses lettres ne se limite pas à un public sélectionné mais s'étend à toute l'humanité à travers le temps. Même les passages de Romains 9 à 11, souvent interprétés pour soutenir l'idée d'individus choisis et rejetés, concluent finalement que Dieu a lié tout le monde à la désobéissance pour faire preuve de miséricorde envers tous.

L'interprétation de Romains 11 :30-32 par la Message Bible met en évidence la nature dynamique de l'inclusion de Dieu. Il illustre un cycle dans lequel ceux qui étaient autrefois exclus trouvent le chemin du retour, décrivant l'embrassement universel de la miséricorde de Dieu pour tous.

La propre transformation de Paul d'une compréhension limitée à une révélation profonde souligne un voyage vers la compréhension de l'impact universel de l'œuvre du Christ. Sa rencontre avec le Christ a provoqué un changement de paradigme, l'amenant à comprendre que la mort et la résurrection du Christ n'étaient pas des événements isolés mais qu'elles avaient profondément modifié le destin de l'humanité toute entière.

La révélation du Fils dans la vie de Paul l'a amené à comprendre la signification cosmique de l'œuvre du Christ. Des Écritures comme Osée 6 : 2 auraient pu éclairer les implications plus profondes de la mort et de la résurrection du Christ, dévoilant une nouvelle humanité acquittée devant Dieu.

La prise de conscience de Paul transcendait une vision individualiste du sacrifice du Christ ; il a reconnu ses ramifications pour toute la création. L'incarnation du Christ représentait le Créateur sous forme humaine, signifiant sa représentation de chaque individu. Par conséquent, tout ce que le Christ a vécu s'est produit dans le contexte de son adhésion totale à la création, entrelaçant son destin avec celui de toute l'humanité.

Comprenant l'importance de l'œuvre du Christ, Paul a reconnu qu'il ne s'agissait pas uniquement d'un bénéfice individuel mais d'un événement transformationnel ayant des implications universelles pour l'ensemble de la création.

# CHAPITRE DEUX

Comprendre Jésus-Christ s'aligne bibliquement sur la tradition apostolique, le reconnaissant comme le Fils éternel du Père incarné. Sa vie, sa mort, sa résurrection et son ascension le définissent comme l'Oint, le Créateur et le Pourvoyeur de toute existence. Cette figure divine incarne un reflet parfait de la Trinité et de l'unification de l'humanité déchue et d'une création fracturée dans un lien inséparable.

Jésus-Christ représente l'essence même d'une relation. En tant que Fils éternel, Oint et Créateur qui soutient tout, Il incarne l'unification du Père, du Saint-Esprit, de l'humanité et de la création. Par son existence incarnée, sa crucifixion, sa mort, sa résurrection et son ascension, le Christ établit une connexion sans précédent au sein des ténèbres, du péché et du rejet auquel l'humanité est confrontée. Paradoxalement, sa soumission à notre rejet transforme la trahison en adoption et notre état déchu en sanctuaire du Saint-Esprit.

En Jésus-Christ, la vie du Dieu trinitaire fusionne avec l'humanité et la création. Il devient le canal par lequel l'humanité déchue est accueillie et la création brisée est élevée au rang de vie divine de la Trinité. Cette identité du Christ constitue la pierre angulaire de l'Évangile à proclamer – une vérité qui sert de fondement à la pensée chrétienne et exige une obéissance inébranlable, quel qu'en soit le prix.

## NÉ DE LA PERFECTION

Le désir éternel du Père pour l'humanité a toujours été que nous nous éveillions à la compréhension profonde de notre perfection innée, une vérité qu'il connaît depuis la nuit des temps. Dans l'immensité infinie de l'éternité, la perfection n'a pas été altérée par les contraintes du temps. Dans son esprit, nous avons toujours existé en tant que reflet parfait de son image et de sa ressemblance, destinés à se manifester sous une forme physique – l'essence même de son repos.

C'est libérateur de réaliser que nous n'avons pas besoin de rechercher la perfection parce que nous l'avons incarnée éternellement. Aucune action ou effort de notre part ne peut augmenter cette perfection inhérente ; nous sommes accueillis et chéris sans avoir besoin de faire nos preuves. Comprendre les pensées de Dieu sur l'humanité rejette toute perception trompeuse de nous-mêmes et de notre connexion avec Lui. Le récit de la création dans la Genèse révèle que Dieu n'a pas expérimenté en nous créant ; Son cadre de référence était parfait et précis : lui-même. Il a parlé : « Créons-les pour qu'ils reflètent notre nature… » (Genèse 1:26 Message Bible)

L'essence du Dieu Trinité est visiblement mise en valeur à travers chaque individu. Se percevoir nous-mêmes ou les autres comme imparfaits, comme quelque chose de moins que la perfection envisagée par Dieu, diminue l'intention du Père : nous sommes son chef-d'œuvre vivant ! «Mais toi, Éternel, tu es notre Père. Nous sommes l'argile, tu es le potier ; nous sommes tous l'ouvrage de tes mains.» (Ésaïe 64 :8 NIV)

À la naissance d'un enfant, les parents sont ravis de découvrir les caractéristiques héritées transmises à leur progéniture. Au départ, il peut s'agir de traits simples comme la couleur des cheveux ou des yeux, mais à mesure que l'enfant grandit, leurs caractéristiques distinctes deviennent évidentes. De la même manière, Dieu nous regarde, se délectant de ce qu'il nous a transmis, observant nos attributs uniques avec délice.

Le rencontrer est une révélation de notre véritable nature. En Christ, il nous a prédestinés avant le début des temps, démontrant sa satisfaction de partager cette communion au sein de la Trinité avec l'humanité. Cela affirme à quel point Dieu est satisfait de sa vision, un plaisir qu'il trouve en communion avec nous.

## LA GRANDE PROPOSITION

Dans le grand récit de la création, nous sommes le summum de la joie et de l'adoration du Père. Le livre de la Genèse dévoile ce moment sublime, la réalisation du rêve chéri du Père, où son amour divin a culminé dans la réalité.

Ce passage profond : « Et Dieu les bénit, et Dieu leur dit : Soyez féconds, multipliez-vous, remplissez la terre et soumettez-la ; et dominez sur les poissons de la mer et sur les oiseaux du ciel, et sur tout être vivant qui se meut sur la terre » (Genèse 1 : 28 LSG), dégage une profondeur qui transcende la simple articulation verbale. Le terme « bénir » dans ce contexte, le mot hébreu « Barak », évoque l'image de s'agenouiller, un geste de profonde adoration. Cette idée révolutionne notre compréhension de la perspective de Dieu et de sa valorisation incomparable de l'humanité.

Le Créateur du cosmos trouve la satisfaction ultime dans Sa création parfaite. Il contemple l'humanité avec une admiration totale, un peu comme un amoureux captivé par le coup de foudre. Tout comme un prétendant acharné s'agenouillerait pour proposer à sa bien-aimée, Dieu, dans une grande démonstration d'adoration, s'agenouille devant son image et sa ressemblance parfaites : nous. En ce moment divin, il perçoit une valeur, un honneur et une gloire incommensurables, se regardant face à face au sein de l'humanité. Il n'existe aucun gouffre, aucun préjugé – seulement un amour et une affection sans limites.

Nous sommes encouragés à aligner notre perception sur la perspective de Dieu : à nous voir comme Il nous voit. Au-delà des limites d'un simple reflet dans un miroir, qui ne peut refléter qu'un aspect superficiel de notre identité, se trouve la vérité profonde sur la façon dont Dieu nous perçoit réellement. Embrassez la profondeur de son adoration et la grandeur de son amour, et reconnaissez la valeur insondable qu'il imprime à chacun de nous.

## MOMENTS DE VALEUR...

Dans la tapisserie de l'adoration de Dieu, Il peint une représentation vivante de l'adoration – un concept très éloigné de notre compréhension contemporaine. L'origine anglo-saxonne du mot « culte » résume son essence de « valeur-navire », impliquant une union de valeur égale. Le vrai culte est un engagement dans une union harmonieuse d'égalité, dépourvue de tout sentiment d'infériorité. Lorsque Dieu s'est agenouillé devant l'humanité, ce n'était pas par sentiment d'infériorité ; ce n'était pas non plus une démonstration de fausse humilité. C'est la persuasion qui l'a conduit à un profond moment d'adoration. Dans l'humanité, Il a discerné la même valeur inhérente qui existe en Lui-même. Le Créateur, persuadé de la valeur et de la perfection de l'humanité, s'agenouille dans une union de valeur égale, reconnaissant la gloire et l'honneur partagés.

Le terme grec « proskuneo », synonyme d'adoration, évoque un face-à-face intime, semblable à un baiser. Ainsi, le culte est désormais redéfini : une expression intime de l'amour, fondée sur la relation et la proximité.

Nos notions conventionnelles du culte sont remises en question à la lumière de cette profonde « valeur ». Cela va au-delà de l'apaisement d'une divinité lointaine pour gagner sa faveur ou solliciter son attention. Comment pouvons-nous offrir gloire et honneur à Dieu si nous n'avons jamais possédé de tels attributs au départ ? On ne peut pas offrir ce qu'on ne possède pas. Nous

nous agenouillons en signe de révérence devant le Créateur, non pas pour augmenter sa grandeur, mais en reconnaissance de son acte initial d'adoration envers nous. Notre adoration pour sa valeur, sa gloire et son honneur découle de son adoration initiale à notre égard. Notre culte n'est pas une tentative de magnifier Dieu ; c'est plutôt une affirmation de notre grandeur intrinsèque alors que nous contemplons sa magnificence.

## SON INITIATIVE D'AMOUR...

L'amour de Dieu pour l'humanité transcende toutes conditions ou limitations conçues par l'homme. Cela ne ressemble pas à des relations humaines marquées par le doute, les conditions ou les arrière-pensées. Si l'amour de Dieu pour l'humanité découlait des actions de l'humanité, il serait incertain et facile à influencer. Mais l'apôtre Paul a affirmé la vérité indéniable selon laquelle rien – ni la vie ni la mort, les anges ni les démons, les circonstances présentes ni les événements à venir, les puissances des cieux ou des profondeurs de la terre – ne peut nous séparer de l'amour inébranlable de Dieu (Romains 8 : 38-39 NIV).

Cette histoire d'amour n'est pas fondée sur l'initiative humaine ; c'est initié et soutenu par Dieu Lui-même. La désobéissance ou les idées fausses de l'humanité n'ont pas diminué et ne diminueront jamais l'amour du Père. Même au plus profond de nos doutes ou de nos tentatives de fuite, son amour nous poursuit sans cesse. Il ne recherche pas de réciprocité ; il nous cherche sans relâche. Il n'y a aucun endroit où nous pouvons aller pour échapper à son amour : il couvre toutes les dimensions et toutes les situations, éclairant même les recoins les plus sombres. Les ténèbres ne lui cachent aucun voile ; nuit ou jour, ombre ou lumière, rien n'obscurcit sa présence (Psaumes 139 : 7-12 Bible Message).

Dieu désire ardemment que l'humanité saisisse la profondeur de son affection : « Tu es à moi », déclare-t-il ! C'est un amour qui reste inchangé par nos doutes, nos insécurités ou nos tentatives de nous distancer. Sa quête incessante est un témoignage inébranlable de la vérité selon laquelle son amour nous englobe entièrement et inconditionnellement.

# EN LUI...

Il y a des siècles, l'apôtre Paul, lors d'un dialogue avec des philosophes à Athènes, a dévoilé une vérité profonde : l'existence de l'humanité est profondément liée à la présence éternelle de Dieu lui-même. Il a déclaré : «Nous vivons et évoluons en lui, nous ne pouvons pas nous éloigner de lui !» (Actes 17:28 Bible Message). Cette proclamation ne s'adressait pas uniquement aux croyants mais à ceux qui n'avaient pas encore compris la nature de leur Père, le « Dieu inconnu ». Le message de Paul a révélé une vérité inhérente : indépendamment de leur reconnaissance ou de leur incrédulité, la présence de Dieu est étroitement liée au tissu de l'existence humaine.

Cette révélation ébranle les fondements mêmes des systèmes de croyance traditionnels, affirmant que l'humanité n'a jamais existé sans la présence de Dieu. Même si l'humanité ignore l'existence de ce trésor, cela ne diminue en rien la réalité de la présence perpétuelle de Dieu en elle. La création de l'humanité était uniquement son œuvre, méticuleusement conçue à l'image et à la substance du Christ parfait. En effet, le corps humain contient bien plus de profondeur et de signification que ce que l'esprit peut pleinement comprendre.

Dieu a démontré la perfection innée de l'humanité en incarnant le Christ – la représentation exacte de Dieu – sous forme humaine. Cela contraste fortement avec la croyance dominante selon laquelle l'humanité est fondamentalement imparfaite. Si les humains étaient intrinsèquement défectueux, Dieu n'aurait pas choisi de se manifester sous forme humaine en tant que Christ. Au lieu de cela, il a embrassé le corps même qui reflétait son intention divine, trouvant en lui la beauté et le repos.

L'incarnation du Christ n'était pas une correction de l'erreur de Dieu ; c'était une révélation de l'identité authentique de l'humanité. Le choix délibéré de Dieu d'habiter un corps humain n'était pas pour rectifier des imperfections mais pour dévoiler la véritable essence de l'humanité, comme le voulait initialement le Créateur.

# CHAPITRE
# **TROIS**

Considérez la compréhension commune de Jésus : un homme réel qui a vécu, est mort, est ressuscité et est monté vers le Père. Même si ces vérités sont valables, il existe souvent un décalage entre ces événements et nos propres vies. Beaucoup perçoivent les actions de Jésus comme quelque chose fait pour nous mais ne nous impliquant pas directement. Nous avons tendance à nous considérer comme de simples spectateurs plutôt que comme activement connectés à sa vie, sa mort et sa résurrection. Cette perception s'aligne sur un état d'esprit individualiste, mais elle s'écarte de la représentation de Jésus par les apôtres et l'Église primitive.

La vision apostolique de Jésus englobe des vérités plus profondes : il est le Fils éternel du Père, oint de l'Esprit, et la force créatrice derrière toute existence. Ces aspects profonds de Jésus-Christ sont souvent fragmentés. Cependant, lorsque ces vérités sont unifiées et prises au sérieux, un portrait plus grandiose de Jésus apparaît, bien plus grand que nos perceptions limitées. Ce Jésus est un individu mais en même temps le Fils du Père et l'essence même à travers laquelle toute existence émane, se soutient et prospère. Reconnaître l'incarnation de ce Fils divin n'est pas simplement une déclaration à son sujet ; c'est un aperçu de la nature de Dieu, de la création et de leur interdépendance.

Dans ce Fils incarné, la vie du Dieu trinitaire s'entremêle à la création, formant un lien inséparable. Il n'est pas seulement un point de référence ; Il est le lien des relations, reliant le divin et le créé, illuminant leur connexion et leur synergie intrinsèques. Cette réalité divine remet en question nos notions de séparation et met en évidence la relation intégrale entre le Créateur et sa création, incarnée dans la personne de Jésus-Christ.

## CHAPITRE TROIS

# RELATION SIGNIFICATIVE

1 Corinthiens 13 :12, un verset apprécié pour sa profondeur, donne un aperçu profond de la nature de la conscience de soi et de son impact sur notre relation avec nous-mêmes et avec le divin. Les paroles de Paul véhiculent une vérité intemporelle : notre perception de nous-mêmes est fondamentale dans la façon dont nous naviguons dans la vie. Ce n'est pas simplement une question d'existence mais une question de qualité, de profondeur et d'épanouissement.

L'idée ici est que notre compréhension de nous-mêmes façonne le tissu même de nos vies. Paul nous exhorte à considérer un point de vue impartial : celui du Divin. Dans le vaste éventail de perceptions humaines de soi, la vision divine de l'humanité constitue la vérité ultime. C'est cette perspective qui surpasse toutes les autres : une perspective qui voit la perfection et la complétude dans la conception humaine, obligeant le Créateur à trouver satisfaction dans sa propre création avant même la création des temps eux-mêmes. L'humanité était l'inspiration même de la création, détenant une valeur intrinsèque et un objectif qui plaisaient profondément au Créateur.

Comprendre et embrasser cette vérité divine nous libère des chaînes de la prétention et du besoin de validation externe. Les relations authentiques, affirme Paul, dépendent de notre capacité à nous reconnaître et à nous accepter. La façon dont nous percevons notre propre valeur sert de base à la façon dont nous percevons et interagissons avec les autres. C'est le prisme à travers lequel nous interagissons avec le monde, façonnant chaque interaction et connexion que nous formons.

La sagesse de Paul souligne l'importance d'une compréhension honnête et profonde de soi-même, une compréhension qui fait écho à la perspective divine sur l'humanité. C'est un appel à accepter notre valeur inhérente, en reconnaissant la profonde signification avec laquelle nous avons été créés. Cette conscience de soi enrichit non seulement nos vies, mais améliore également nos relations, nous permettant d'établir des relations avec les autres dans un lieu d'authenticité, de compassion et d'acceptation.

## LA GENÈSE DE LA DISCORDE

La rupture dans la relation entre l'humanité et le Divin remonte à un moment fatidique où l'humanité a adopté un mensonge destructeur : « Je ne suis pas assez bon ». Ce mensonge insidieux n'a pas seulement blessé la perception humaine de soi ; cela déformait l'essence même de Dieu dans leur esprit. Elle a donné naissance à une image déformée du divin – une divinité entachée d'insuffisance et d'imperfection. Cette croyance trompeuse a non seulement semé l'infériorité et l'insécurité au sein de l'humanité, mais a également jeté les bases de l'érosion d'une relation saine avec le Divin.

Ce mensonge jette une ombre sur l'esprit humain, favorisant des sentiments d'indignité qui deviennent le terrain fertile de la méfiance, des conflits et de la discorde. Dans le domaine des interactions humaines, cette idée fausse fondamentale a engendré un environnement rempli de méfiance, de jalousie et d'esprit de compétition. Lorsque la croyance fondamentale est celle de l'insuffisance personnelle, il devient impossible d'étendre la confiance ou de créer des liens authentiques avec les autres. Une telle base de doute de soi et de notions erronées sous-tend un environnement dans lequel les individus sont poussés à performer sans cesse dans une vaine quête d'approbation.

# CHAPITRE TROIS

# L'ÉGALITÉ COMME FONDEMENT DE LA VÉRITABLE INTIMITÉ

Le cœur de toute relation significative est un sentiment d'égalité – une reconnaissance partagée de la valeur entre les parties. L'intimité authentique s'épanouit dans un environnement où les deux parties se considèrent comme égales. Sans ce sentiment de valeur et de signification mutuelles, l'intimité qui sous-tend les relations authentiques reste insaisissable. C'est cette essence de l'égalité qui constitue le fondement d'une véritable connexion, favorisant la confiance, la proximité et le type d'unité qui permet aux relations de s'épanouir.

> *- Galates 3 :28 (NIV) : « Il n'y a ni Juif ni Gentil, ni esclave ni libre, il n'y a pas non plus d'homme et de femme, car vous êtes tous un en Jésus-Christ. »*

La véritable intimité, semblable à un lien romantique, trouve ses racines dans la découverte et la reconnaissance de la valeur de chacun. C'est un entrelacement d'âmes qui se délecte de la parité de valeur partagée par les deux parties. Sans cette reconnaissance de la valeur mutuelle, le tissu d'une relation reste effiloché, incapable d'atteindre la profondeur et la chaleur que procure une véritable intimité.

# LE MIRAGE DE LA SÉPARATION...

L'adhésion persistante à ce récit trompeur, le mensonge du « Je ne suis pas assez bon », érige une barrière invisible entre l'humanité et une relation sans entrave avec le Divin. Cette fausse croyance engendre un sentiment illusoire de séparation, de retard et de distance, jetant une ombre sur la vérité selon laquelle il n'existe aucune véritable barrière – aucune séparation, aucun retard, aucune distance – entre l'humanité et le Divin. Cependant, cette idée fausse brouille la réalité d'un lien inhérent qui transcende ces illusions.

> *- Romains 8 :38-39 (NIV) : « Car j'ai l'assurance que ni la mort ni la vie, ni les anges ni les démons, ni le présent ni l'avenir, ni aucune puissance, ni la hauteur ni la profondeur, ni rien d'autre dans toute la création, pourra nous séparer de l'amour de Dieu qui est en Jésus-Christ notre Seigneur.*

Dans le domaine de l'interaction humaine, cette même méfiance et cette perception déformée de soi sèment les graines du scepticisme et du doute au sein des relations. Lorsque l'insécurité et la méfiance enracinées persistent au cœur de l'être, il est inévitable que ces sentiments se répercutent sur les interactions avec les autres. Dans ce monde de suspicion perpétuelle, la confiance et l'authenticité authentiques peinent à trouver un terrain solide sur lequel s'épanouir.

## L'AUTHENTICITÉ ELUSIVE...

Des insécurités profondément enracinées ouvrent la voie à des intentions cachées au sein des relations. Le manque de confiance en soi et la présence omniprésente de ces motivations cachées rongent l'essence de la connexion pure, créant une atmosphère où l'authenticité et l'ouverture deviennent de plus en plus insaisissables. La performance occupe le devant de la scène, motivée non pas par un véritable désir de connexion mais par un besoin incessant de masquer les insuffisances inhérentes.

> *- Psaume 139 :23-24 (NIV) : « Sonde-moi, Dieu, et connais mon cœur ; éprouve-moi et connais mes pensées anxieuses. Regarde s'il y a en moi une voie offensante, et conduis-moi dans la voie éternelle.*

# LA LUTTE IDENTITAIRE...

Dans notre quête incessante pour dissimuler nos insécurités, beaucoup d'entre nous cherchent à se définir à travers des réalisations ou des possessions extérieures. Cependant, la futilité de cette quête devient évidente lorsque nous réalisons que notre véritable identité ne découle pas de ces marqueurs externes éphémères. Au lieu de cela, notre identité authentique s'aligne sur la vérité que le Père connaît à propos de Jésus – une vérité qui résonne également chez chaque être humain.

> *- Éphésiens 2 :10 (NIV) : « Car nous sommes l'œuvre de Dieu, créés en Jésus-Christ pour accomplir de bonnes œuvres, que Dieu a préparées d'avance pour que nous les fassions. »*

> *- Genèse 1 :27 (NIV) : « Dieu créa donc les hommes à son image, il les créa à l'image de Dieu ; il les créa mâle et femelle. »*

Reconnaître cette vérité fondamentale – la valeur intrinsèque et la perfection que le Père célèbre dans l'humanité – redéfinit notre perception de soi. Cela nous évite de nous identifier uniquement par des mesures extérieures et nous oriente vers l'acceptation de la vérité profonde de notre valeur inhérente, reflétant l'acceptation profonde que le Père a pour chacun de nous.

# LE MENSONGE

La perception qu'a l'humanité d'une relation avec le Divin est intimement liée aux idées fausses que nous entretenons. L'acceptation continue de l'erreur du retard, de la séparation et de la distance crée un gouffre artificiel entre nous et Dieu. Cette division perçue fabrique un monde illusoire, favorisant la suspicion et la méfiance dans nos interactions.

Historiquement, le récit de la séparation remonte aux premiers échecs humains, provenant de la croyance en une déconnexion entre l'humanité et Dieu après la chute dans le jardin d'Eden. Cette fausse croyance a imprégné des générations, obscurcissant la compréhension d'une relation accessible avec le Divin.

*- Éphésiens 2 :12 (NIV) : « Souvenez-vous qu'en ce temps-là vous étiez séparés du Christ, exclus de la citoyenneté en Israël et étrangers aux alliances de la promesse, sans espérance et sans Dieu dans le monde. »*

Ces illusions d'éloignement favorisent des agendas cachés au sein de nos relations. Ancrées dans l'insécurité, ces motivations cachées alimentent une mentalité basée sur la performance qui conduit à la déception. Lorsque nos actions découlent d'un désir de combler des insuffisances plutôt que d'une véritable connexion, elles donnent souvent des résultats insatisfaisants.

Cette lutte avec l'identité – essayer de nous définir à travers des réalisations ou des possessions – découle d'une insécurité profondément enracinée. Cependant, notre véritable identité s'aligne sur la vérité divine connue sur Jésus, reflétant la valeur intrinsèque que Dieu détient pour l'humanité.

*- 2 Corinthiens 5 :17 (NIV) : « C'est pourquoi, si quelqu'un est en Christ, la nouvelle création est venue : l'ancienne est partie, la nouvelle est ici !*

*- Romains 12 : 2 (NIV) : « Ne vous conformez pas au modèle de ce monde, mais soyez transformés par le renouvellement de votre esprit. Vous pourrez alors éprouver et approuver quelle est la volonté de Dieu : sa volonté bonne, agréable et parfaite volonté. »*

Accepter la vérité sur notre valeur inhérente, calquée sur la perception divine de l'humanité, nous libère de la nécessité de tirer notre valeur de mesures extérieures. Il réoriente notre attention pour reconnaître et célébrer la valeur inhérente que nous accorde le divin, favorisant une compréhension plus profonde de notre identité et de notre objectif.

## L'ILLUSION DE LA SÉPARATION

La relation de l'humanité avec Dieu reste restreinte aussi longtemps que le mensonge de la séparation et de l'insuffisance enveloppe notre perception. Cette illusion dépeint un faux récit de retard et de distance, engendrant un monde imprégné de suspicion même lorsque la réalité est tout le contraire : il n'existe pas de véritable séparation ou distance du Divin. Cette perception de séparation s'étend au-delà de notre connexion avec Dieu ; elle imprègne nos relations avec les autres, voilée de scepticisme et de méfiance.

La cause profonde de ces agendas cachés et de ces performances relationnelles réside dans notre propre manque de confiance en nous et dans une myriade d'insécurités. Lorsque les individus doutent de leur propre valeur, cela donne naissance à un cycle de motivations cachées et d'intentions tacites dans les relations. En l'absence de confiance en soi, la recherche de l'approbation et le désir de plaire aux autres deviennent les moteurs, se terminant souvent par une vaine quête de validation. C'est un paradoxe : nos tentatives pour plaire proviennent d'un sentiment d'inadéquation qui nous laisse incapables de nous satisfaire nous-mêmes, sans parler des autres.

Beaucoup se définissent à travers leurs actions ou leurs biens, dans l'espoir de masquer leurs insécurités. Pourtant, le summum de l'autoidentification ne réside pas dans ces facteurs externes, mais dans l'acceptation de la vérité que Dieu connaît sur Jésus – une vérité indéniable qui résonne également au sein de l'humanité.

> *- Romains 8:38-39 (NIV) : « Car j'ai l'assurance que ni la mort ni la vie, ni les anges ni les démons, ni le présent ni l'avenir, ni aucune puissance, ni la hauteur ni la profondeur, ni rien d'autre dans toute la création, pourra nous séparer de l'amour de Dieu qui est en Jésus-Christ notre Seigneur.*

> *- Éphésiens 2 :10 (NIV) : « Car nous sommes l'œuvre de Dieu, créés en Jésus-Christ pour accomplir de bonnes œuvres, que Dieu a préparées d'avance pour que nous les fassions. »*

L'amour de Dieu pour l'humanité est inébranlable, affirmant notre valeur inhérente en tant que Sa création, enracinée non pas dans nos actions ou nos possessions, mais dans notre nature intrinsèque, tout comme Jésus incarne la vérité du dessein de Dieu pour l'humanité.

## DIEU, LE PLUS GRAND CROYANT

Tout au long de l'histoire, la perception de la croyance inébranlable de Dieu en l'humanité malgré ses défauts résonne profondément. Le récit de la chute d'Adam, un événement gravé dans le tissu historique et théologique, n'a pas perturbé la conviction inébranlable de Dieu dans la valeur intrinsèque de l'humanité. La croyance de Dieu dans la valeur originelle de l'humanité est restée inébranlable même lorsque l'humanité a cédé au mensonge de son indignité.

> *- Éphésiens 1:4 (NIV) : «Car il nous a choisis en lui avant la création du monde pour être saints et irréprochables à ses yeux. Dans l'amour.»*

> *- Romains 11:36 (NIV) : «Car toutes choses viennent de lui, par lui et pour lui. A lui soit la gloire pour toujours ! Amen.»*

Les Écritures affirment cette vérité intemporelle, illustrant l'engagement résolu de Dieu à associer l'humanité à l'incarnation parfaite de son amour, le Christ. Cette association est antérieure au temps lui-même, décrivant la véritable essence et l'innocence de l'humanité prédéterminées en Christ avant même la création.

> *- Éphésiens 1 :4 (Mirror Bible) : « Il nous a associés au Christ avant la chute du monde ! Jésus est la décision de Dieu à notre sujet ! Il a toujours su dans son amour qu'il nous présenterait à nouveau face à face dans une innocence irréprochable.*

Malgré l'enchevêtrement de l'humanité dans le mensonge de son identité, la croyance de Dieu en son innocence inhérente est restée inébranlable. La chute n'a pas influencé le plan original de Dieu ni compromis le reste qu'il y trouvait.

L'erreur fondamentale survient lorsque l'humanité évalue sa valeur à travers le prisme de la validation sociétale, ignorant l'importance primordiale du point de vue de Dieu dans la définition de sa valeur. Pourtant, le point de vue de Dieu demeure suprême, éclairant la vérité sur la valeur sans précédent de l'humanité au-delà des jugements des autres.

## UNION PARFAITE....

L'amour de Dieu invite l'humanité à participer à l'union divine, liées ensemble dans le Christ, immergées dans une union avec son Fils et le Saint-Esprit. Cette union parle d'un espace dépourvu de séparation ou de distance, d'un royaume en résonance avec une unité absolue et une profonde intimité.

Contexte historique et biblique :

- *Genèse 1 :26 (NIV) : « Alors Dieu dit : « Faisons l'humanité à notre image, à notre ressemblance... » »*

- *Romains 8 :29 (NIV) : « Car ceux que Dieu a connus d'avance, il les a aussi prédestinés à être conformes à l'image de son Fils, afin qu'il soit le premier-né d'une multitude de frères et de sœurs. »*

La prémisse de l'acceptation de Dieu dans cette communion divine ne repose pas sur la notion erronée selon laquelle l'humanité doit atteindre un certain niveau de perfection pour se qualifier. Il ne s'agit pas d'un récit d'essais et d'erreurs de la part de Dieu, espérant la perfection humaine pour ensuite se rendre compte de son absence. Au lieu de cela, Dieu, dans Son omniscience, voit l'intégralité, du début à la conclusion. L'humanité se présente comme le choix délibéré de Dieu, son chef-d'œuvre, non sujet à l'imperfection mais incarnant son œuvre précise et achevée.

- *Éphésiens 2 : 10 (NIV) : «Car nous sommes l'ouvrage de Dieu, créés en Jésus-Christ pour accomplir de bonnes œuvres, que Dieu a préparées d'avance pour que nous les fassions.»*

- *Isaïe 64 :8 (NIV) : « Pourtant, toi, Seigneur, tu es notre Père. Nous sommes l'argile, tu es le potier ; nous sommes tous l'ouvrage de tes mains. »*

La croyance selon laquelle l'humanité est un travail perpétuel en cours mine la précision et l'achèvement de la création de Dieu. Entretenir l'idée que son image dans l'humanité est imparfaite, c'est sous-estimer le savoir-faire divin du Créateur.

Il ne s'agit pas d'un oubli ou d'une erreur de la part de Dieu, mais d'une conception délibérée et sans faille.

## OBÉISSANCE OU FAUSSE HUMILITÉ ?...

L'idée selon laquelle se rabaisser est pieuse ou élève Dieu est une notion erronée. Dieu n'a pas besoin de notre estime de soi diminuée pour affirmer sa supériorité. Si l'humanité représente véritablement l'image et la ressemblance parfaites de Dieu, alors chaque aspect de l'essence du Père se reflète de manière vivante dans l'humanité (Genèse 1 : 27). Sa communion avec l'humanité est enracinée dans leur valeur inhérente.

> *- 1 Pierre 2 :9 (NIV) : « Mais vous êtes un peuple élu, un sacerdoce royal, une nation sainte, un bien particulier de Dieu, afin que vous puissiez proclamer les louanges de celui qui vous a appelés des ténèbres à sa merveilleuse lumière. »*

La relation entre Dieu et l'humanité ne consiste pas à renforcer artificiellement l'estime de Dieu. Il ne s'agit pas d'un scénario artificiel de « famille heureuse » ; c'est un véritable lien fondé sur une valeur mutuelle. Se rabaisser n'est pas obéissance ; c'est plutôt une forme de fausse humilité et, par essence, une forme de désobéissance. La véritable obéissance découle de l'acceptation et de l'affirmation de la vérité que Dieu croit sur l'humanité, en embrassant son identité authentique alignée sur la perspective de Dieu.

> *- Romains 12 : 3 (NIV) : « Car, par la grâce qui m'a été donnée, je dis à chacun de vous : N'ayez pas une estime de vous-même plus élevée que vous ne le devriez, mais pensez plutôt à vous-même avec un jugement sobre, conformément à la foi en Dieu. a distribué à chacun de vous. »*

> - *Éphésiens 2 :10 (NIV) : « Car nous sommes l'œuvre de Dieu, créés en Jésus-Christ pour accomplir de bonnes œuvres, que Dieu a préparées d'avance pour que nous les fassions. »*

Imaginez la transformation si les gens embrassaient leur véritable identité et s'alignaient sur ce que Dieu sait être vrai. Cela signifierait une véritable humilité – accepter l'authenticité de qui ils sont aux yeux de Dieu, affirmant leur valeur réelle.

## DANS QUEL SENS DIEU EST-IL PRÉSENT POUR LE « NON-CROYANT » ?

Qui est vraiment l'incroyant ?

Le cœur de l'Évangile, la Bonne Nouvelle, réside dans la croyance que Dieu a en nous, et non l'inverse. Éphésiens 1 : 4a en parle, exprimant qu'Il nous a choisis en Christ avant l'aube de la création : Il était le croyant. Le Père, le Fils et l'Esprit ont placé leur foi en nous.

Dans nos manières variées et fragmentées, l'hypocrisie nous retrouve tous dans une certaine mesure. Que ce soit par grâce ou par la puissance inébranlable de son amour et de sa fidélité, nos identités sont soutenues, non pas par nos actions mais par sa grâce.

Comment la parabole de la pièce de monnaie perdue ou du fils prodigue (Luc 15 :8-32) échappe-t-elle à notre compréhension ?

Une pièce perdue ou un enfant errant ne cesse pas d'appartenir à son propriétaire ou à ses parents. Être retrouvé ne nécessite pas de redevenir un enfant ; il évoque plutôt une étreinte, des retrouvailles amoureuses. Nos actions ne redéfinissent pas notre identité familiale.

Le véritable incroyant, celui qui vit dans une identité erronée, est éloigné de son moi authentique (Christ). La liberté et l'essence du Christ en tant que notre vie apparait à notre conscience lorsque nous acceptons la vérité sur la nature de Dieu et notre identité en Christ.

Dieu, le créateur et le soutien de tout, nous accorde son image et sa ressemblance. Actes 17 :29 fait écho à cette vérité : nous sommes tous sa progéniture.

Galates 3 :28 signifie l'unité en Christ qui transcende les divisions terrestres. Grâce à la réconciliation de Dieu (2 Corinthiens 5 : 19), rien de substantiel ne s'interpose entre un individu et Dieu.

Rencontrez la prochaine personne avec une confiance absolue, en reconnaissant la vérité inhérente en elle : l'essence de Dieu au sein de l'humanité, une vérité manifestée au plus profond de son être. Romains 1 : 19 reconnaît cette révélation, évidente chez chaque individu, présentée par Dieu lui-même.

Le message apporté par Jésus est profond : Dieu est proche, présent, impliqué et profondément conscient, faisant sienne notre cause.

Job 12 : 10 met l'accent sur la vérité profonde selon laquelle chaque vie et chaque souffle est détenu entre ses mains compatissantes.

# CHAPITRE QUATRE

## CHAPITRE QUATRE

La réalité profonde derrière cela repose sur le fondement que Jésus-Christ, le Fils éternel bien-aimé du Père, partage avec Lui un lien inséparable en communion avec le Saint-Esprit. Comme l'Église primitive l'a fermement attesté, cette relation au sein de la Trinité – le Père, le Fils et l'Esprit – n'est pas un développement récent, ni une façade assumée il y a seulement 2000 ans ; c'est la nature inhérente de Dieu, une vérité éternelle. Il n'y a jamais eu un moment où le Père était sans Son Fils et sans l'Esprit, existant dans l'isolement en tant qu'entité divine solitaire et sans lien. Le lien entre le Père, le Fils et l'Esprit transcende le temps, précédant éternellement la création de l'univers.

Aucune facette de l'existence divine ne dépasse ou ne dépasse la relation trinitaire. Par conséquent, chaque action divine émane et engage l'interaction entre le Père, le Fils et l'Esprit. Les apôtres soulignent que toutes choses naissent et subsistent non seulement par Dieu, mais à l'intérieur et par l'intermédiaire du Fils du Père. En effet, le Père n'agit jamais indépendamment de Son Fils et de son Esprit. Comme le souligne Jean, pas une seule entité n'a été créée ou ne continue d'exister sans le libre arbitre du Fils du Père. Il est crucial de reconnaître que l'affirmation de la Trinité éternelle et de la divinité de Jésus-Christ établit un lien, même avant l'incarnation, entre le Fils du Père et toute la création, y compris l'humanité. Car le Dieu Trinitaire est le Créateur, et le Fils du Père sert de médium par lequel toutes choses ont vu le jour et sont maintenues.

## RÉFLEXION SUR L'ADOPTION

Certes, le concept d'adoption tel qu'il est décrit dans la Bible, en particulier dans Éphésiens 1 : 6, a une signification plus profonde que ce qu'implique notre compréhension moderne de l'adoption. Dans ce passage, Paul dévoile une réalité profonde concernant notre relation avec Dieu à travers le Christ.

Traditionnellement, l'idée d'adoption peut impliquer d'accueillir comme enfant quelqu'un qui n'est pas biologiquement le sien. Cependant, le concept biblique va plus loin. Il s'agit de l'intention de Dieu de révéler notre véritable identité et notre arrivée à la maturité spirituelle à travers le Christ. Cela s'apparente à une célébration de l'atteinte d'un stade de compréhension et de responsabilité, symbolisée par une cérémonie de passage à l'âge adulte comme la Bar Mitzvah juive.

[Vue historique : « La Bar Mitzvah juive (pour les garçons) ou la Bat Mitzvah (pour les filles) est une cérémonie de passage à l'âge adulte importante dans la tradition juive. Le terme « Bar Mitzvah » signifie « fils du commandement » (pour les garçons) et « Bat Mitzvah » signifie « fille du commandement » (pour les filles). Il marque le passage de l'enfance à l'âge adulte au sein de la communauté juive. Pour les garçons, la Bar Mitzvah a généralement lieu à l'âge de 13 ans, et pour les filles, la Bat Mitzvah a lieu lorsqu'ils atteignent l'âge de 12 ans. Au cours de cette cérémonie, le jeune est reconnu comme ayant atteint l'âge où il a la responsabilité d'observer. Lois et traditions religieuses juives. La célébration comprend souvent un service religieux au cours duquel le jeune lit la Torah (écriture sacrée juive) devant la congrégation. Il s'agit d'une représentation symbolique de leur engagement envers leur foi et de leur prise de responsabilités en tant que membre de la communauté juive. Après le service religieux, un repas ou une fête de célébration est souvent organisé où la famille et les amis se réunissent pour honorer la transition du jeune vers l'âge adulte. La cérémonie revêt une signification culturelle, religieuse et sociale et constitue un événement apprécié dans les communautés juives du monde entier. »]

Lorsque Paul parle de Dieu comme l'architecte de notre dessein et de notre maturité en Christ, il fait référence au dessein de Dieu d'amener l'humanité à une compréhension mature de sa relation avec Lui. Il ne s'agit pas simplement de devenir enfants de Dieu ; c'est reconnaître que nous avons toujours été la progéniture de Dieu depuis le début. Cette compréhension est essentielle : c'est la prise de conscience que notre identité en tant qu'enfants de Dieu n'a pas été initiée par l'arrivée du Christ mais est une vérité fondamentale depuis notre création.

La confirmation par l'Esprit de notre filiation, faisant écho à « Père Abba » dans nos cœurs, signifie la profondeur de l'intimité et de la proximité que nous avons avec Dieu. C'est un sceau affirmant que nous ne sommes pas des étrangers essayant d'obtenir l'acceptation de Dieu, mais plutôt ses enfants bien-aimés, déjà enlacés dans son cercle familial divin.

Cette perspective remet en question l'idée selon laquelle nous étions autrefois orphelins de père ou séparés de Dieu. Au lieu de cela, cela souligne que le plan éternel de Dieu a toujours été de nous amener à une compréhension mature de notre relation inhérente avec Lui.

## L'ESSENCE DE L'APPARTENANCE

Les paraboles partagées par Jésus dans Luc 15 offrent un aperçu profond de l'essence de l'appartenance et de l'identité. Les histoires de la brebis perdue, de la pièce de monnaie perdue et du fils prodigue véhiculent un message universel : quelque chose de perdu ne peut exister que s'il appartenait d'abord à quelque part. Le récit du fils prodigue éclaire particulièrement le concept d'adoption et d'acceptation.

Dans cette histoire, lorsque le fils rebelle revient, il cherche d'abord un statut inférieur, prêt à servir plutôt qu'à revendiquer la place qui lui revient en tant que fils. Cependant, le père, dans son amour immense, n'a pas de telles idées. Il reconfirme rapidement sa filiation, déclarant joyeusement : « Mon fils était perdu et maintenant il est retrouvé ! »

Cette histoire souligne un point crucial : la période d'éloignement volontaire du fils n'a pas annulé son statut de fils bien-aimé. Son voyage loin de chez lui n'a pas révoqué l'identité que lui avait conférée sa naissance. Cela reflète la relation profondément enracinée entre un parent et un enfant, qui existe bien avant que l'enfant ne comprenne une telle profondeur d'amour.

La comparaison s'étend à notre contexte spirituel. Tout comme un enfant ne gagne pas son statut au sein d'une famille, aucun individu ne gagne son identité divine par des actes ou des décisions. La naissance dans une famille n'est pas le résultat d'un choix ; c'est une réalité accordée.

1 Pierre 1 : 3, tel qu'écrit dans l'ASV, redéfinit l'idée de « naître de nouveau », en la liant directement à la résurrection du Christ. Cette Écriture fait ressortir l'idée que notre renaissance s'aligne sur la résurrection du Christ, un acte de grâce divine et non une prise de décision personnelle.

Ésaïe 51 : 1 (ISV) encourage la réflexion sur nos origines fondamentales, soulignant l'importance de reconnaître nos racines pour mieux comprendre notre réalité actuelle. Cela fait écho à Jérémie 1 : 5 (NLT), illustrant que notre existence a toujours fait partie d'un plan divin.

Notre compréhension ne valide pas la vérité ; au contraire, il dévoile ce qui a toujours été là. Nous ne sommes pas conçus par nous-mêmes, mais intentionnellement créés par Dieu. Cette prise de conscience nous rappelle notre valeur inhérente et notre objectif, conçus par le Créateur avant que notre conscience de soi n'émerge.

## PÈRE DE TOUS...

Les concepts de propriété, de souveraineté et de protection parentale sont profondément liés au contexte biblique. Le Psaume 24 : 1 dans la version KJV parle profondément de l'idée que le monde entier et ses habitants sont en fin de compte sous le domaine et la garde du Seigneur.

L'idée fausse selon laquelle la mission du Christ était simplement d'instruire l'humanité à l'imiter, en recherchant l'acceptation du Père, est erronée. Au contraire, cela remet en question à la fois l'authenticité humaine et sape l'amour inhérent du Père pour sa création.

Ésaïe 49 : 15, décrit avec éloquence dans la Bible des messages, magnifie la nature insondable de l'amour parental. Aussi improbable qu'une mère abandonne son enfant allaité, il est inconcevable que le Créateur abandonne ses créations. Le message principal du Christ ne visait pas à persuader l'humanité de s'excuser pour un Père perçu comme négligent, mais à servir d'intermédiaire aimant, exprimant l'amour implacable du Père pour une humanité capricieuse.

L'histoire du fils prodigue en est une illustration poignante. Ce n'est pas sa tentative de se positionner humblement comme serviteur qui a conduit à l'acceptation de son père ; en vérité, c'était une forme de désobéissance, dévalorisant l'identité que son père avait pour lui.

L'aspect central réside dans la réponse du père, qui n'est pas déterminée par les croyances ou les actions du fils. Cela reflète la vérité divine selon laquelle l'amour de Dieu ne dépend pas du mérite ou du comportement humain. Il s'agit d'une invitation à un dialogue intime, qui rappelle Ésaïe 1 : 18 et Luc 15. Dieu ne cherche pas à lancer un débat sur les insuffisances humaines ni à suggérer des moyens de se faire accepter. Au lieu de cela, il appelle à une communion à cœur ouvert, remettant en question les idées fausses humaines sur son amour inconditionnel. L'amour de Dieu transcende les actions ; il précède à la fois les actes vertueux et les transgressions.

Essentiellement, Dieu a aimé l'humanité avant qu'un acte de bonté ou un acte répréhensible ne se produise. Son invitation n'est pas de négocier les conditions d'acceptation mais de rencontrer la profondeur de son amour inébranlable, qui s'étend au-delà de la compréhension humaine et couvre toutes les lacunes, excluant toute condition d'amour.

## LA PROFONDEUR INSONDABLE DE L'AMOUR DE DIEU

La curiosité humaine est une pulsion insatiable qui recherche une compréhension complète, notamment en matière d'amour. Nous remettons souvent en question l'étendue de l'amour de ceux qui nous entourent, aspirant à en mesurer la profondeur et la sincérité. Les épreuves de la vie nous amènent souvent à réfléchir sur la nature globale de l'amour de Dieu et sur son immensité.

Pourtant, tenter de saisir l'intégralité de l'amour de Dieu revient à se lancer dans une quête sans fin. Notre esprit humain, limité et fini, ne peut pas pleinement comprendre la profondeur illimitée de l'amour de Dieu. Tout comme Dieu demeure ineffable et au-delà de la pleine compréhension humaine, son amour pour l'humanité demeure également.

Dans 1 Timothée 6 : 16, les Écritures décrivent Dieu habitant dans une lumière inaccessible. Même si nous pouvons parler de son amour avec honnêteté, son immensité reste hors de notre portée totale. L'amour de Dieu, caractérisé par Agapè, incarne l'amour paternel pour les humains et notre affection réciproque pour Lui. Phileo, l'amour fraternel, signifie affection et affection chaleureuses, un type d'amour distinct d'Agape. L'infinité d'Agape est hors de portée de notre esprit humain. Éphésiens 3 : 17-19 le souligne, nous exhortant à nous efforcer de comprendre l'immensité de l'amour du Christ, dépassant la connaissance humaine, pour expérimenter la plénitude de Dieu.

Les histoires d'Osée et de Paul dans Actes 9 mettent en lumière l'amour inconditionnel de Dieu, quelles que soient les actions ou les défauts humains. Malgré nos échecs, l'amour de Dieu reste inébranlable et incompréhensible. L'acte de Dieu de descendre pour sauver l'humanité des ténèbres reste un acte profondément insondable. Même si notre compréhension est insuffisante, embrasser l'amour de Dieu peut transformer remarquablement notre vie.

L'incompréhensibilité de l'amour de Dieu pourrait conduire certains au désespoir ou à l'apathie dans leur quête. Pourtant, les Écritures révèlent que l'amour de Dieu, même s'il n'est pas entièrement compréhensible, est connaissable. 2 Pierre 1 : 2-3 illustre qu'une compréhension de Dieu conduit à une abondance de grâce et de paix, fournissant de vastes ressources pour une vie épanouie et joyeuse comme Dieu l'a prévu pour tous.

# HYPOTHÈSES PRÉCIPITÉES ET IDÉES FAUSSES CONCERNANT L'AMOUR DE DIEU

La nature humaine nous pousse à tirer des conclusions hâtives, notamment en ce qui concerne le langage de l'amour de Dieu.

Souvent, ces hypothèses erronées découlent de déclarations telles que : « Si Dieu est vraiment aimant… ». Ces conclusions, cependant, dénaturent souvent la profondeur de l'amour de Dieu.

Notre tendance à tirer des conclusions rapides et erronées sur l'amour de Dieu en diminue l'immense portée, la confinant à nos perceptions personnelles limitées. Pourtant, malgré nos perceptions erronées, l'amour de Dieu reste inébranlable et immuable.

Comprendre la nature étendue et illimitée de l'amour de Dieu nous empêche de faire des généralisations hâtives et inexactes. Au lieu de s'engager dans un examen réfléchi de l'amour de Dieu, il est souvent plus facile de créer notre propre théologie de son amour, dépourvue des enseignements disciplinés de sa Parole.

Une réflexion cohérente sur la révélation faisant autorité de l'amour de Dieu apporte tranquillité et contentement à nos âmes. Cela nous permet de comprendre un amour infiniment plus grand que ce que nos esprits limités peuvent pleinement embrasser. Au lieu de débattre vainement sur l'amour de Dieu, nous sommes encouragés à le considérer comme un Père compatissant et plein d'amour, comme le révèle 2 Timothée 2 :23 : « Mais évitez les querelles insensées et ignorantes, sachant qu'elles engendrent des querelles. » S'engager dans des débats infructueux sur l'amour de Dieu, surtout avec les sceptiques, conduit souvent à des conflits inutiles. Il est plus bénéfique d'incarner l'amour de Dieu que de s'engager dans des débats avec ceux qui en doutent. Communiquez que l'amour de Dieu transcende la compréhension et la croyance humaines.

# CONTRE TOUS LES MALENTENDUS

Jésus a fait une déclaration profonde à un groupe d'individus sur le point de le lapider. Il a fait référence à leurs Écritures sacrées en déclarant : « Je ne fais que citer ce que disent vos Écritures inspirées : 'J'ai dit : vous êtes des dieux' » (Jean 10 :34). Ce groupe avait perdu de vue sa véritable essence, embrassant un mensonge sur son identité. Ils avaient oublié leur origine divine et n'avaient pas réussi à reconnaître la voix divine parmi eux, au point qu'ils cherchaient à mettre fin à sa vie par la violence. Pourtant, Jésus n'a pas recommandé de programmes de développement personnel pour qu'ils puissent un jour obtenir le statut de dieux s'ils satisfaisaient à certaines qualifications. Au lieu de cela, Il a déclaré sans détour : « Vous êtes des dieux ».

L'erreur de l'humanité a été d'adopter une fausse identité enracinée dans le mensonge, en choisissant la mauvaise figure paternelle. Cependant, cette décision n'a pas modifié la réalité de leur identité en tant que dieux. La tromperie a obscurci leur esprit, empêchant une connexion avec leur véritable moi et leur vrai Père, les conduisant à douter de l'authenticité du Christ. Son apparition en tant qu'humain était inattendue et perturbait leurs pensées conventionnelles. Le corps humain, que l'humanité considérait comme une source d'immense frustration, a été déploré par l'apôtre Paul : « Quel malheureux je suis ! Qui me délivrera de ce corps soumis à la mort ? (Romains 7 :24).

Pour les gens de cette époque, l'identification du Christ à Dieu sous forme humaine constituait l'offense ultime. Ils s'attendaient à un être surnaturel, mais le Christ, arrivant sous la forme d'un être humain, a brisé leurs attentes religieuses, remettant en question leur vision d'eux-mêmes et des autres.

Selon la perception de Dieu, l'humanité et la divinité n'ont jamais été destinées à être séparées, sauf selon notre propre compréhension. Une connexion existait avant la création du monde, un lien indissoluble, et Christ incarnait cette relation.

## PLUS DE OUÏ-DIRE

À un moment particulier des interactions de Jésus avec ses disciples, il a soulevé une question qui a résonné à travers le temps : « Selon les gens, qui est le Fils de l'homme ? Les réponses de ses disciples ont révélé la diversité des opinions qui prévalaient parmi les masses : « Certains disent Jean-Baptiste, d'autres Élie, et d'autres encore Jérémie ou l'un des prophètes. »

Ce scénario résonne chez beaucoup d'entre nous qui, à un moment donné, ont rencontré Jésus à travers les paroles et les descriptions des autres. Notre connaissance de Lui a été façonnée par divers récits et perspectives. Mais arrive un moment charnière où Jésus, d'une manière profondément personnelle, interpelle chacun de nous individuellement : « Mais selon vous, qui suis-je ? »

C'est une révélation de sa profonde compréhension et de sa vision personnelle de chaque personne. Il nous connaît parfaitement, même en ce qui concerne le nombre de cheveux sur notre tête. Pourtant, il aspire également à ce que nous lui rendions cette profondeur de connaissance, à savoir que nous le comprenions et que nous nous rapportions à lui avec le même degré d'intimité et de connexion personnelle qu'il a avec nous.

## LA PUISSANCE DE LA CONNAISSANCE DÉVOILÉE

Dans ce monde complexe, ce dont l'humanité a vraiment besoin n'est pas simplement une série de règles pour réparer ses pensées brisées. Le problème central qui préoccupe notre monde n'est pas seulement comportemental ; cela est enraciné dans une profonde incompréhension de soi et dans un manque cruel de conscience de la compréhension complexe que Dieu a de nous.

Le style de vie qu'une personne mène est le résultat direct de sa compréhension et de sa reconnaissance. La vision du monde de chaque individu est façonnée par les informations qu'il a accumulées, qui constituent le fondement de ses croyances. Nous nous retrouvons entourés d'idées et de convictions qui créent un sentiment d'appartenance, ce qui rend difficile l'entrée de nouvelles références plus convaincantes dans ces cercles fortifiés et provoquer un changement de mentalité. Mais nos croyances peuvent-elles à elles seules modifier la vérité ? Les faits que nous acceptons de tout cœur peuvent-ils être considérés comme la vérité absolue ?

Imaginez si nous réalisions que tout ce que nous considérons comme des croyances concrètes ne contient que des informations, façonnant une personnalité qui n'est pas nécessairement notre véritable essence.

Chaque esprit humain aspire à appartenir à quelqu'un ou à quelque chose. Et c'est précisément ce que l'arrivée du Christ visait à révéler : notre appartenance inhérente. Son objectif n'était pas d'imposer un sentiment d'appartenance ; il s'agissait plutôt de captiver nos esprits avec une vérité bien plus grande que ce que nos pensées obscurcies pouvaient imaginer. Il est arrivé pour nous inviter à retourner à notre véritable demeure, la demeure que nous avons toujours partagée avec le Père, le Saint-Esprit et lui-même – un lieu d'amour pur. C'est là que la divinité s'harmonise dans une symphonie mélodieuse, où chaque battement de cœur résonne à l'unisson.

Dans les divers coins de l'Amérique et au-delà, où j'ai eu le privilège de partager ce message étonnant de son amour sans limites et de l'étreinte de l'humanité, nombreux sont ceux qui se sont approchés de moi par la suite, les larmes coulant sur leurs joues, exprimant comme s'ils entendaient ces mots pour la deuxième fois. Cela semble inexplicablement familier, une résonance qui frappe profondément en moi, même si je ne me souviens pas d'avoir entendu de tels mots d'un autre. Le Seigneur a affirmé dans mon esprit que « la raison pour laquelle beaucoup ont l'impression de rencontrer à nouveau ce message est parce que j'ai (le Seigneur) murmuré la beauté et l'innocence sans tache dans leur cœur pendant la création. » Étonnamment, tout ce que l'humanité a longtemps cru sur elle-même n'est rien en comparaison de la croyance inébranlable que le Père a toujours eue. Et c'est la révélation de l'être du Christ qui dévoile cette vérité profonde.

# CHAPITRE
# CINQ

En considérant les idées de Jean Calvin tirées de son Commentaire sur l'Évangile de Jean, en particulier concernant Jean 1:4 et l'expression « en Lui était la vie », nous trouvons une perspective convaincante sur la nature divine en tant que soutien et créateur de toutes choses. Calvin souligne à juste titre que la vie inhérente à la création n'émerge pas simplement momentanément, mais est soutenue continuellement par la puissance durable de la Parole divine, semblable au concept véhiculé dans Hébreux 1 : 3, soulignant que tout est soutenu par la parole de sa puissance.

Calvin explique magnifiquement que ce pouvoir vivifiant est intrinsèque non seulement aux entités animées mais également aux entités animées. C'est l'essence même qui non seulement a déclenché la création, mais qui soutient également sa pérennité. Il établit un parallèle avec la déclaration de Paul dans Actes 17 :28, affirmant que la vie, le mouvement et l'existence elle-même sont le résultat de la bénédiction de la Parole. Essentiellement, même si la vie est accordée par Dieu, elle est promulguée par la Parole éternelle.

En outre, Calvin fait écho aux enseignements apostoliques, en soulignant le rôle intégral du Fils de Dieu dans la création et dans sa pérennité. Il approfondit les implications de l'incarnation du Fils, soulignant qu'au lieu de rompre les liens, elle renforce et solidifie la relation du Fils avec toute la création, le Père et le Saint-Esprit. L'incarnation, loin de rompre les liens, intensifie l'interconnexion profonde entre le Fils, la création et l'humanité.

Calvin élucide la signification de l'incarnation du Fils, soulignant son impact profond sur l'univers, depuis l'essence divine jusqu'au plus petit atome et à l'ensemble de l'humanité. Si l'humanité et la création ont été créées par ce Fils éternel, si leur essence même est liée à Lui, alors les événements de sa vie incarnée, de sa mort et de sa résurrection sont inévitablement liés à l'humanité et à la création. Ces événements cruciaux ne se limitent pas à de simples événements individuels mais ont de profondes implications pour le cosmos tout entier.

Selon Calvin, le voyage du Fils à travers l'incarnation, la mort et la résurrection n'était pas une affaire solitaire mais un récit inclusif. Sa mort signifiait la disparition de l'ancienne humanité, tandis que sa résurrection inaugurait une nouvelle vie pour l'humanité, unifiée au Père. Son ascension symbolisait l'élévation de l'humanité dans les bras du Père, embrassant sa vie et l'onction du Saint-Esprit. Essentiellement, la race humaine et la création étaient inséparablement liées au voyage incarné de ce Fils, non pas en tant que spectateurs mais en tant que participants actifs, unis dans son récit rédempteur.

## LA JOIE INHÉRENTE

Tout au long de l'histoire, une conception erronée de la distance entre le Créateur et sa création a existé. L'humanité, à cause d'une perception illusoire, a perçu une lacune qui n'a jamais existé dans l'esprit de Dieu. Contrairement à cette croyance erronée, Dieu désire ardemment être en étroite communion avec sa création bien-aimée, aspirant à s'engager face à face avec son image et sa ressemblance. L'humanité, aux yeux de Dieu, représente un moment inestimable, une incarnation chérie de la pensée du Père, dépourvue de tout regret. Nous ne pourrons jamais valoriser ce que le Père comprend déjà de l'humanité. Si seulement tous les individus pouvaient comprendre la profondeur de l'affection du Père pour eux, le monde serait une demeure jubilatoire.

Comprendre que nous sommes complets dans l'esprit du Père élimine le désir de moments supplémentaires ou de temps alternatifs. Embrasser le « moment Emmanuel », reconnaître qu'il n'y a pas de meilleur confinement pour Dieu qu'en nous, nous libère des désirs futiles d'épanouissement extérieur. Lorsque nous nous éveillons au trésor qui réside en nous, la joie cesse d'être une quête extérieure ; cela devient plutôt une découverte innée, indépendante des circonstances extérieures. Prendre conscience de notre importance annule l'attrait des distractions extérieures.

Nos expressions externes reflètent invariablement nos expériences internes. Quelles que soient les circonstances, la véritable essence réside dans ce que notre esprit reconnaît. Le prophète Habacuc illustre cette notion, exprimant une joie profonde qui n'est pas liée aux possessions matérielles ou à leur absence. Sa joie émane de la profondeur de la connaissance de son esprit. Ses paroles résument un changement de paradigme, suggérant que le manque ou l'abondance ne dicte plus notre état émotionnel.

La déclaration d'Habacuc dans Habacuc 3 :17-18 souligne la transcendance de la joie au-delà des circonstances matérielles. Cela signifie une joie enracinée dans une conviction spirituelle, détachée des conditions extérieures. Cette compréhension redéfinit la mesure de nos émotions, nous libérant de l'influence des facteurs externes.

En effet, la conscience de notre plénitude en Christ conduit à un sentiment de joie inébranlable. Il s'agit d'un trésor interne qui dépasse les mesures externes, provoquant un changement de perspective des externalités éphémères vers des vérités spirituelles durables.

## ESPOIR POUR UN NOUVEL AUBE

L'histoire de l'humanité se déroule dans l'étreinte pleine de grâce de l'amour de Dieu, réalisé de manière plus vivante à travers la personne de Jésus-Christ. Dans Genèse 3 : 1-24, la chute de l'homme, incarnée par les actions d'Adam, a introduit le péché, provoquant une rupture dans la relation intime entre l'humanité et Dieu. Cette fracture les a éloignés de la vie prévue d'harmonie et de grâce dans le jardin d'Eden, dérivant plutôt vers un cycle d'effort et de survie. Pourtant, le récit rédempteur a basculé lorsque Jésus, appelé le dernier Adam, est apparu. Sa mission a été prophétisée dans Matthieu 1 :21, incarnant la promesse du salut et de la restauration : Emmanuel, « Dieu avec nous ».

La marque de l'amour incommensurable de Dieu pour l'humanité trouve son apogée dans Jean 3 : 16, où Dieu, par un amour incompréhensible, a accordé son Fils unique, assurant la vie éternelle aux croyants. Le Christ, le dernier Adam, symbolise l'affection inébranlable de Dieu, contrecarrant les conséquences du péché du premier Adam. Son existence même a perturbé l'intention du voleur de voler, de tuer et de détruire, lui permettant au contraire de lui donner toute sa vie (Jean 10 : 10). Prenant forme humaine, le Christ a partagé nos expériences humaines, triomphant de la domination de la mort exercée par l'adversaire.

Éphésiens 2 : 8-10 éclaire l'essence de l'amour de Dieu, soulignant le fondement du salut sur la grâce, et non sur le mérite humain. Cette grâce dévoile notre identité divine et nos origines célestes, soulignant la bienveillance éternelle de Dieu à notre égard. Notre rédemption en Christ remodèle notre existence, nous conduisant sur le chemin de la justice prédéterminé par Dieu.

L'amour de Dieu rayonne à travers la parabole du fils prodigue, une représentation poignante de l'éloignement, de l'héritage dilapidé et de la réconciliation éventuelle. De la même manière, l'amour illimité de Dieu absout nos erreurs passées et ouvre la voie à un voyage transformateur, nous invitant à embrasser une vie renouvelée alignée sur sa volonté divine. À travers le Christ, l'amour profond de Dieu transforme, rachète et célèbre chaque âme réconciliée, incarnant l'extraordinaire profondeur de son amour éternel pour l'humanité.

## PLAISIR SANS FIN

La tapisserie de l'histoire tissée par les actions et les événements humains ne peut nier l'image divine imprimée dans l'humanité. Notre genèse est bien plus profonde que de simples contradictions historiques. Tandis que les annales du temps enregistrent des instants éphémères, la foi éclaire une vérité bien au-delà de ce que l'histoire résume. Cette connexion intime constitue le fondement de notre rencontre avec le Divin, alimentant notre foi et définissant notre existence. Dans cette union sacrée réside la vérité énigmatique de l'Évangile – une vérité dévoilée dans Hébreux 1 : 1-3 et 2 : 11, où Jésus, s'identifiant à l'humanité, les appelle fièrement frères et sœurs, partageant une origine divine.

Comprendre cette vérité distingue les individus, les faisant passer des limites de l'esclavage au statut exalté de fils et de filles de Dieu, héritiers de sa grâce divine. L'amour de Dieu transcende tous les efforts humains, nourrissant un lien plus profond que l'origine humaine.

Matthieu 6 : 25-34 décrit l'amour divin qui pousse l'humanité à se libérer de toutes ses angoisses liées à la subsistance, car le même amour qui s'occupe des oiseaux du ciel, a créé les humains à son image et insuffle la vie dans leurs narines. L'amour de Dieu assure la provision et l'accomplissement ; tout ce qui est requis, c'est l'acceptation et l'obéissance inébranlable. Marc 6 : 36-44 démontre la compassion de Dieu lorsque, face à une foule affamée, Jésus invoque l'amour indéfectible du Père, assurant la fourniture d'une nourriture en abondance, avec beaucoup de restes.

Le domaine des possibilités s'étend incommensurablement à la lumière de l'amour de Dieu (Luc 1 : 37). Son amour rend l'inaccessible réalisable. Philippiens 4 : 19 assure les croyants des provisions illimitées de Dieu, dépassant les désirs et les besoins humains dans sa glorieuse abondance. Tout comme les soins inébranlables d'un parent s'étendent de la petite enfance à l'âge adulte, l'amour de Dieu pourvoit abondamment à ses propres capacités, dépassant de loin les capacités humaines.

Dieu a ouvert la porte d'une provision abondante ; Lui confier nos fardeaux permet à ses soins illimités de se déverser continuellement sur nous. Se tourner vers Lui, l'auteur et le perfectionneur de la foi, permet à Son amour de guider, de soutenir et de pourvoir, manifestant ainsi la joie, la satisfaction et l'épanouissement dans notre vie quotidienne. Son amour nous sert de boussole, guidant nos pas, offrant du réconfort en cas de besoin et devenant la source de notre joie et de notre contentement. Par son amour, Dieu veille à ce que nos vies soient saturées de délices et de satisfactions, comblant nos désirs les plus profonds dans les moments de routine et de tous les jours.

## LA PUISSANCE DE L'AMOUR DANS L'UNITÉ

Les comptines de l'enfance font souvent écho à des vérités profondes, comme celle d'être une famille heureuse. Cela rappelle l'amour de Dieu qui nous appelle à nous aimer les uns les autres comme Il nous aime.

Dans un moment poignant avant sa crucifixion, Jésus a partagé un message poignant avec ses disciples, soulignant l'importance de l'amour. « Je vous donne un nouveau commandement : aimez-vous les uns les autres. Comme je vous ai aimés, aimez-vous les uns les autres » (Jean 13 :34). Ce commandement résonne dans toute la Bible. 1 Pierre 4 : 8 souligne la profondeur de cette instruction, soulignant que l'amour couvre une multitude de péchés.

Ce commandement d'aimer comme une seule famille revêt une importance profonde. Il ne s'agit pas de choisir qui aimer, c'est un mandat de notre Seigneur que nous devons accepter. Ne pas aimer équivaut à désobéir à Dieu. Cet amour ne se limite pas à la famille ou à ceux qui nous attirent naturellement. Cela englobe tout le monde, sans distinction d'âge, d'origine ou d'apparence.

En tant que vases de l'amour de Dieu, nous étendons son amour aux autres. L'amour de Dieu en nous nous donne le pouvoir d'aimer les autres de manière inconditionnelle. Bien que cela puisse nous mettre au défi d'aimer ceux-là, nous trouvons difficile en raison de différences de personnalité ou d'origine, en tant qu'êtres humains, nous avons le droit à la fois de donner et de recevoir de l'amour. Les Écritures dans 1 Jean 3 : 14-15 soulignent la gravité de l'amour, le reliant profondément à la vie et à la mort.

Par le commandement d'aimer, Jésus a forgé une unité sans précédent parmi l'humanité. Alors que le monde identifie les groupes en fonction de divers traits (couleur de peau, intérêts ou tenue vestimentaire), l'amour constitue l'unificateur ultime. Elle dépasse les différences externes, transcendant les barrières linguistiques, les divisions culturelles et les préférences personnelles.

L'amour, suscité par l'amour même de Dieu, suscite une réponse en nous. Il dévoile l'amour parfait de Dieu résidant à l'intérieur. Les premiers croyants ont illustré cet amour de manière vivante. Actes 2 : 44-45 illustre leur unité et leur générosité, alors qu'ils répondaient de manière désintéressée aux besoins de chacun. Cet amour désintéressé reflétait une famille unie, laissant une marque indélébile sur leur ville.

Essentiellement, l'amour divin de Dieu nous lie les uns aux autres, transcendant les différences et nous appelant à une communauté unie et aimante, une famille motivée et unie par son amour profond.

## PARTICIPANTS AUX RÉALITÉS OBJECTIVES OU SUBJECTIVES ?

Dans les Écritures, nous rencontrons des vérités présentées comme des choix et des options qui s'offrent à nous. Il existe des vérités objectives sur nous qui restent inchangées, mais notre expérience subjective et notre parcours dépendent entièrement de nos décisions. Le simple fait de connaître une vérité, même si elle est écrite dans les Écritures ou enracinée dans nos cœurs et nos esprits, ne garantit pas automatiquement sa réalisation dans nos vies. Il ne s'agit pas de « Comme le dit la Bible, tel est l'homme », mais plutôt de « Comme un homme pense dans son cœur, tel est-il », reflétant l'expérience subjective. Ainsi, la simple mémorisation de la Bible pourrait ne pas entraîner de transformation subjective ni de fruit durable.

La distinction entre réalités « objectives » et « subjectives » – « positionnelles » et « expérientielles » – révèle la différence entre un fruit temporaire et des résultats durables. Beaucoup se contentent de la vérité objective de leur identité en Christ, reportant l'expérience subjective du salut à l'au-delà – une notion erronée perpétuée par certains enseignements évangéliques occidentaux.

Nous possédons le pouvoir de nous positionner subjectivement soit en Christ, soit en Adam, selon ce que nous semons dans notre conscience. L'expérience d'être créé ou engendré dépend également des graines que nous semons dans notre esprit.

Le choix entre être un esprit vivifiant ou une âme vivante repose sur la question de savoir si nous nous soumettons à notre intellect, à notre raison, à nos sens et à nos émotions, ou à la pensée du Christ (Jacques 1 : 13-15 ; 1 Corinthiens 2 : 16). Deutéronome 30 : 19 met l'accent sur notre domination sur la vie et la mort, ce qui implique notre autorité en la matière.

Objectivement, nous sommes en Christ et avons été engendrés, mais notre marche ne correspond pas toujours à ces vérités. Considérer les Écritures comme un domaine d'options plutôt que comme des garanties strictes pourrait nous offrir une meilleure perspective. Certains croient que la souveraineté de Dieu garantit la manifestation automatique de ce qui est déclaré dans les Écritures, mais nos expériences subjectives opèrent dans le cadre de notre propre souveraineté, qui nous est conférée par Dieu.

Bien que nos actions découlent de l'intégralité de l'œuvre achevée du Christ, il existe un aspect participatif dans nos expériences subjectives. Les Écritures présentent des choix et des options (Proverbes 18 : 21), nous exhortant à choisir consciemment la vie.

# CHAPITRE
# SIX

Prononcer le nom de Jésus-Christ implique de reconnaître le Fils éternel du Père, de partager l'existence et la vie avec le Père par le Saint-Esprit. Cela implique de reconnaître le Créateur et le Soutien de toutes choses, Celui qui a pris forme humaine par le Saint-Esprit à travers la vierge Marie, et qui a ensuite connu la mort, la résurrection et l'ascension à la droite du Père. Ne pas reconnaître l'interdépendance profonde entre ce Fils et la race humaine tout entière et la création serait une négligence. Son nom n'est pas simplement celui d'un individu isolé de la vie ou de la création du Père ; cela signifie le Fils du Père, le Créateur et l'incarnation humaine de la vie divine et humaine entrelacée.

Lorsque nous prononçons le nom de Jésus-Christ, nous reconnaissons le Dieu Trinité divin et son union avec l'humanité et la création, fracturées par la fracture. Sa présence même témoigne de l'union entre le Dieu Trinité, l'humanité et toute la création. Ne pas reconnaître cette unité, c'est rejeter la divinité et l'humanité complètes de Jésus-Christ. Cela nie la vérité selon laquelle l'Incarné est le Fils éternel du Père, le Créateur et le soutien de toutes choses.

## AFFRONTER LA CONTROVERSE

Dans la tapisserie complexe des moments de la vie, nous nous retrouvons souvent sur les ailes du triomphe lorsque tout s'aligne parfaitement et que le monde semble rayonner de faveur. Dans ces moments-là, la joie danse en nous, remontant notre moral et jetant une aura radieuse autour de nos journées. Cependant, dès que l'aube se lève, ces sensations de bonheur peuvent s'évaporer lorsque les défis et les épreuves surgissent.

La transition abrupte de l'exaltation au désespoir peut donner l'impression que la terre bouge sous nos pieds, nous laissant désorientés et à la dérive. C'est durant ces périodes que la profondeur de nos convictions intérieures et l'alignement de nos pensées sur des vérités profondes deviennent notre refuge inébranlable. Découvrir le trésor inestimable qui se trouve à l'intérieur, relier nos pensées aux certitudes inébranlables perçues par notre esprit, remodèle la façon dont nous naviguons dans les marées fluctuantes de la vie.

La croyance immuable de Dieu en nous, sa célébration inébranlable de notre être, devient le fondement sur lequel nous nous tenons lorsque le monde se sent incertain. Cela revient à trouver refuge sur une fondation inébranlable, où les tempêtes de la vie ne peuvent pas éroder notre calme intérieur. Au milieu de l'adversité, sa foi inébranlable en nous devient le phare qui nous permet de traverser le tumulte, favorisant une résilience durable.

Trouver du réconfort dans la constance de la nature du « je suis » de Dieu apporte un profond sentiment d'assurance. Sa position inébranlable, enracinée dans la vérité éternelle et la certitude inébranlable, devient notre base solide au milieu de l'imprévisibilité de la vie. Adopter son point de vue nous libère de l'emprise de la peur et de la suspicion, nous permettant de traverser l'inconnu avec une confiance et une foi inébranlable.

## JE PARLE DONC JE SUIS

Dans le cadre divin de l'amour de Dieu, l'humanité est dotée d'une puissance et d'une autorité sans précédent. Cet amour, l'essence même qui a donné naissance à l'humanité, confère la domination, le contrôle et la capacité de se multiplier. Il a transformé un homme solitaire en l'ancêtre d'une nation, témoignage de l'immense pouvoir et de l'autorité accordés à l'humanité par l'amour de Dieu.

Ce pouvoir et cette autorité accordés se répercutent sur une myriade de facettes de l'existence humaine. Matthieu 18 :18 éclaire cette vérité : « Tout ce que vous lierez sur la terre sera lié dans le ciel, et tout ce que vous délierez sur la terre sera délié dans le ciel. » Cette puissance divine s'étend bien au-delà de la simple domination terrestre, signifiant une merveilleuse capacité à manifester ses désirs par la parole – un témoignage miraculeux de l'amour sans limites de Dieu. De même, Matthieu 16 : 19 met l'accent sur les clés du royaume accordé à l'humanité, signifiant un mandat divin d'exercer l'autorité et le pouvoir.

Posséder la clé d'un domaine confère une position légitime semblable à celle du propriétaire, permettant un accès sans entrave. De même, l'humanité, à qui sont confiées les clés du royaume de Dieu, incarne cette autorité légitime. Le Psaume 91 : 11-13 illustre le manteau protecteur tissé par l'amour de Dieu, conférant à l'humanité un pouvoir sur les anges, sauvegardant et permettant le triomphe sur toutes les choses créées, y compris les créatures redoutables.

Le Père nous a rendu capables d'avoir part à tout ce qu'il a préparé pour son peuple dans le royaume de lumière [l'héritage des saints dans la lumière]. Dieu [...qui] a libéré [sauvé ; nous a délivrés du pouvoir [autorité ; domination] des ténèbres, et il nous a amenés dans le royaume de son bien-aimé ; bien-aimé] Fils, qui a acheté notre liberté [en qui nous avons la rédemption] et a pardonné nos péchés [ou quel est le pardon des péchés]. Colossiens 1 : 2-14 (EXB) illustre cela, décrivant Paul, l'autorité de l'apôtre pour ouvrez les yeux des stores selon Actes 26 : 17b-18 (EXB)... Je vous envoie vers eux pour ouvrir les yeux afin qu'ils puissent se détourner des ténèbres vers la lumière, loin de la puissance [ou autorité] de Satan. et à Dieu. Alors [ou... afin que] leurs péchés puissent être pardonnés, et qu'ils puissent avoir une place parmi ces gens qui ont été rendus saints [sanctifiés] en croyant [la foi] en moi.'

À l'ère apostolique, cette réalité divine en Christ s'est manifestée glorieusement, subjuguant les captivités et éteignant les ténèbres partout où elles se trouvaient. Job 22 : 28 accentue la puissance des décrets prononcés – des paroles prononcées en accord avec les intentions divines – qui constituent le fondement de l'établissement des réalités.

L'amour de Dieu, réservoir insondable d'autorité et de pouvoir, invite l'humanité à exploiter son potentiel. Marc 11 : 23 élucide la capacité de transformation d'un discours imprégné de foi. L'histoire du commandement d'Élie au soleil dans Jérémie 29 : 11-13 fait écho à l'autorité et au pouvoir profonds accordés par l'amour de Dieu, affirmant la compréhension de Dieu des pensées humaines et l'exaucement de leurs désirs.

Éphésiens 1 : 21 exalte l'humanité, la plaçant au-dessus de tous les royaumes et dominations, dotée de l'autorité et du pouvoir divins. Philippiens 2 : 10 amplifie cela, en soulignant la soumission universelle au nom de Jésus-Christ – un témoignage de l'autorité inégalée des fils de Dieu. En effet, cette puissance et cette autorité sont encapsulées en Christ, faisant des croyants plus que des conquérants à travers Lui !

## INNOCENT DEVANT LUI

L'assurance d'être entièrement pardonné et totalement innocent aux yeux de Dieu est une réalité profonde.

Il y a souvent un malentendu autour de 1 Jean 1 : 9, censé s'adresser aux croyants. Cependant, il visait à souligner l'efficacité globale du sacrifice du Christ, contrecarrant l'influence gnostique qui infestait l'Église primitive. Le gnosticisme a propagé une idéologie déformée, remettant en question la doctrine basée sur la grâce défendue par les croyants. Les écrits de Jean ont confronté ces enseignements trompeurs et ont éclairé la vérité à travers le prisme d'une véritable communion fraternelle.

Le contexte de 1 Jean 1 :6-10 révèle que Jean met l'accent sur la futilité de vivre sous de faux prétextes. La véritable communion s'épanouit dans la transparence de la vérité, dissipant les faux-semblants. La lumière n'est pas menacée par l'obscurité et la véritable intimité émerge de l'authenticité.

1 Jean 1 : 8 souligne qu'il est trompeur de prétendre se justifier par des efforts personnels, sans tenir compte de la vérité. Il souligne que reconnaître ses actes répréhensibles ne contredit pas la vérité sur soi-même. De plus, 1 Jean 1 : 10 explique que s'appuyer sur des œuvres personnelles pour justifier l'innocence rend nulle l'essence de la parole et du sacrifice du Christ.

Les versets soulignent l'importance de reconnaître la vérité sur soi-même et le rôle central de Jésus en tant que source vivifiante. Cela fait écho à la nécessité d'embrasser la lumière du Christ, en comprenant que Son sang incarne l'élimination de toutes les taches du péché, célébrant notre innocence rachetée.

1 Jean 1 : 9, quelle que soit la traduction, souligne l'essence transformatrice du pardon du Christ, purifiant les croyants de toute injustice. Ce pardon est un acte singulier sous la Nouvelle Alliance, et non un processus récurrent semblable aux couvertures temporaires de l'Ancienne Alliance. Le sacrifice du Christ, souligné dans Hébreux 10, démontre son efficacité concluante. Cela signifie la sanctification perpétuelle des croyants à travers l'offrande unique du Christ, absolvant tous les péchés pour toujours.

Éphésiens 1 : 7-8 résume cet acte divin de rédemption et de pardon, soulignant les richesses de la grâce de Dieu accordée aux croyants. Cette grâce n'est pas une autorisation de pécher mais un chemin pour incarner l'amour et la gentillesse, transcendant les relations basées sur la peur et éradiquant le dogme religieux.

Dans la perspective divine, la véritable essence de l'humanité n'est pas définie par son histoire ou ses actions mais par l'auteur divin qui les a créés. L'affirmation sans équivoque par Jésus de l'amour de Dieu pour l'humanité révèle l'engagement inébranlable de Dieu envers l'amour.

La liberté qu'offre le Christ n'est pas seulement une évasion du péché mais une invitation à embrasser l'unité avec le Créateur, un lien si profond que le péché perd son attrait. Grâce au sacrifice du Christ, les croyants transcendent la domination du péché, embrassant la justice et s'éveillant au dessein prévu pour leur vie.

# LE VRAI PAIN

En examinant les profondeurs de 2 Timothée 1 : 9, nous démêlons le récit divin tissé avant la création des temps lui-même. Paul exprime une vérité très éloignée des actes ou des actes religieux : c'est un dévoilement de l'intention intemporelle de Dieu, dévoilant la grâce comme fondement éternel de son dessein. Cette grâce accentue notre état originel avant la création et annonce désormais notre unité restaurée avec Dieu à travers le Christ Jésus. Le verset plonge dans une compréhension grecque de « hagios kaleo », signifiant un appel à la sainteté et à l'intégrité qui est antérieur aux limites du temps et des époques.

Le concept d'éternité transcende les limites des cadres temporels. Elle existait avant la formation des galaxies, une réalité insondable dans le temps calendaire, comme Jésus l'a profondément exprimé : « Avant qu'Abraham fût, je suis ! » Ce but éternel – appelé Pain de la Présence ou Pain de proposition – met en lumière l'intention prophétique de Dieu, encapsulant chaque symbole prophétique et désignant Jésus comme le véritable soutien de notre dessein divin.

Hébreux 9 : 2 éclaire davantage cette vérité au sein de la tradition hébraïque. La « prothèse » ou pain de proposition symbolisait la Parole authentique de Dieu, incarnée en Jésus, la Parole incarnée, nourrissant perpétuellement notre existence. Ce concept est lié au « lechem paniym », ou pain de face, faisant allusion au chandelier éclairant la table présentant le pain de proposition. Même la vision de Jérémie dans Jérémie 1 :12 fait écho à cette révélation divine, soulignant la vigilance attentive de Dieu sur Sa Parole.

Ce pain était une préfiguration poignante de la vie soutenue dans la chair – l'incarnation du tabernacle de Dieu – incarnée dans l'interaction de Jésus avec les voyageurs d'Emmaüs. Leur rencontre reflète la révélation de Jésus comme l'accomplissement de l'Écriture, la véritable subsistance incarnée.

Tite 1 : 2 examine la vie promise à travers les générations – une existence intimement liée à la détermination infaillible de Dieu avant l'émergence des constructions du temps et de l'espace. Il pointe vers l'union de l'humanité avec Dieu, une dimension dépassant les simples définitions confinées par le temps et l'espace. Cette vie, assurée avant les âges, reste ferme et certaine, transcendant les limites des limites temporelles.

2 Timothée 1 :10 résume la grande réalisation de la grâce à travers Jésus-Christ, qui bouleverse le paradigme en éliminant l'emprise de la mort et redéfinit l'existence – une proclamation sans précédent d'espoir et de rédemption !

# LA CONCLUSION ULTIME

2 Corinthiens 5 : 14 exprime l'impact profond de l'amour du Christ, qui enveloppe et résonne en nous, conduisant à une conclusion inévitable : au moment de la mort de Jésus, chaque individu était également inclus dans cette mort. Cette compréhension transcende les principes ou les actions religieuses, affirmant que la mort du Christ englobait l'intégralité de l'humanité – chaque personne était incluse dans cet acte. Il n'y avait aucune partialité dans la mort de Jésus ; il englobait pleinement la disparition de l'humanité. Si Paul avait modifié cette vérité pour suggérer que seuls ceux qui répondaient à certains critères partageaient cette mort, il aurait compromis l'ensemble de la déclaration. L'étendue de l'amour de Dieu et sa nature universelle dépasse tout raisonnement humain.

2 Corinthiens 5 : 15 développe cette nature inclusive en affirmant que si tous participaient à sa mort, ils participaient également à sa résurrection. Ce dévoilement de l'amour redéfinit l'existence humaine, rendant hors de propos toute identité antérieure en dehors du Christ.

Par conséquent, 2 Corinthiens 5 : 16 marque un changement de paradigme dans la perception. Paul déclare qu'il ne reconnaît plus les individus d'un simple point de vue humain ou mondain. Ce changement radical annule toute étiquette ou doctrine antérieure sur le Christ ; c'est un moment de transformation – une « métanoïa », un réalignement de la compréhension.

Le verset suivant, 2 Corinthiens 5 : 17, éclaire cette transformation en soulignant qu'en Christ, chaque individu devient une nouvelle création. Les anciennes méthodes d'autoidentification sont obsolètes. Que l'on soit juif, grec, esclave, homme libre ou associé à une identité mondaine, de telles distinctions ont cessé d'exister à la lumière de l'impact universel du Christ. Le verset précise que le « si » dans « si quelqu'un est en Christ » n'est pas une condition mais une révélation de la vérité évangélique, affirmant l'inclusion de l'humanité en Christ.

Cette compréhension globale s'étend des versets 14 à 16 et élucide le verset 17. Elle clarifie que la révélation du Christ ne concerne pas un moi potentiel mais dévoile la vérité sur chaque individu. Cette vérité ne présente pas une version compromise de soi-même mais révèle le projet original de chaque personne à l'image de Dieu. La mort et la résurrection de Jésus ont révélé l'identité authentique de l'humanité, sans tache et rachetée – une vérité qui libère.

Le verset 18 confirme que l'inclusion de l'humanité dans la mort et la résurrection du Christ était uniquement un acte de Dieu. Cette prise de conscience met un terme profond aux anciennes façons de se voir soi-même et aux autres, en s'alignant sur la perspective éternelle de Dieu. Cette compréhension est enracinée dans ce que Dieu croit être vrai à propos de l'humanité, culminant dans un mandat ministériel qui célèbre et affirme la valeur inhérente de chaque individu.

Cette réconciliation n'avait pas pour but de reconquérir l'humanité d'un ennemi supposé, mais de racheter les esprits des mensonges, en dévoilant la valeur inhérente à chaque individu, un trésor caché et désormais hardiment révélé.

## DISCERNER LA CONSCIENCE DIVINE

La métaphore de l'arbre de la connaissance du bien et du mal est reconnue depuis longtemps comme le domaine de la perception humaine limité par la dualité : le bien et le mal, la lumière et l'obscurité, la vie et la mort. Même si la recherche de solutions dans ce cadre peut apporter un soulagement ou des améliorations temporaires, elle reste loin de répondre à la réalité ultime. Beaucoup recherchent la guérison ou la transformation au sein de ce paradigme, ignorant qu'il existe un objectif bien plus élevé au-delà des expériences humaines éphémères.

Vivre à partir de la conscience de l'arbre de vie est un éveil à l'ordre éternel du royaume de Dieu. Cela transcende les efforts humains pour les luttes de pouvoir ou la domination d'une force sur une autre. C'est un état de réalisation du pouvoir singulier et éternel et de demeurer dans l'existence intemporelle d'éternité en éternité. Cette vie est marquée par une fécondité durable plutôt que par des réalisations éphémères. Pour embrasser cela, il faut passer d'un état d'esprit dualiste et centré sur le matériel à un repos dans l'« Être » toujours présent – une conscience alignée sur la conscience du Christ.

L'arbre de la connaissance du bien et du mal représente une conscience au niveau humain, tandis que l'arbre de vie symbolise une conscience alignée sur le Christ. Ce voyage exige d'abandonner non seulement les aspects négatifs mais aussi les aspects positifs de l'existence humaine, pour aboutir à la réalisation de notre réelle identité – un état de transformation durable et permanente. Cela transcende la simple guérison, conduisant à un profond sentiment de complétude qui englobe l'esprit, l'âme et le corps.

Le Psaume 139 : 11-12 fait allusion à l'équanimité de Dieu envers les ténèbres et la lumière. Du point de vue de l'arbre de la connaissance, ce sont des apparences mortelles. Même la quête de l'immortalité, considérée à travers le prisme de la vie et de la mort, reste confinée dans la dualité de la perception humaine.

La véritable compréhension implique de regarder au-delà des dichotomies de la vie et de la mort, du bien et du mal, du mortel et de l'immortel, et de fixer son regard sur la vérité éternelle intérieure : le « Je » divin ou la conscience du Christ. C'est un voyage continu de vie d'une perspective interne vers l'extérieur, permettant à l'éternel « Être-Christifié » de définir sa réalité. Même une bonne santé, qui peut paraître stable sur le plan humain, est éphémère ; la quête est de CONNAÎTRE intimement la vérité sur sa santé divine, conduisant à des manifestations durables.

Les conseils scripturaires pour « connaître la vérité » concernent la reconnaissance de l'essence divine intérieure, libérant les individus pour qu'ils soient durablement libérés des conditions humaines passagères.

# CHAPITRE
# SEPT

La centralité de Jésus-Christ dans le récit cosmique ne peut être sous-estimée. Il incarne la force vitale du Dieu Trinité tout en résumant l'essence même de la création. Son existence signifie la bonne nouvelle du Dieu Trinité, une révélation qui a de profondes implications pour notre compréhension de l'univers et de l'humanité.

Jésus est-il un plan d'urgence, une solution rapide après l'échec perçu d'Adam, ou est-il l'intention primordiale, le plan qui précède et régit toute activité divine ? Parler de Jésus comme de la Parole éternelle de Dieu, c'est reconnaître sa signification éternelle. Sa désignation comme Alpha et Omega signifie sa préexistence avant la création elle-même. Regarder au-delà de Jésus-Christ et de son union avec le Dieu Trinité, l'humanité et la création semble redondant. Son union n'est pas une réflexion après coup ou une correction à mi-parcours.

Jésus-Christ, en tant que Fils pleinement divin incarné, représente l'unité entre le Dieu Trinité, l'humanité et la création. Cette union n'est pas un ajout ultérieur mais une réalité éternelle qui précède tout le reste. Il incarne la vérité, l'Évangile lui-même et le but du cosmos. En lui réside le noyau de cohérence et de point d'intégration de l'univers. Il est la lentille interprétative ultime, éclairant la révélation divine et définissant la véritable essence de Dieu, de l'humanité et de la création. Au-delà de Jésus, il n'y a que le silence impénétrable des conjectures humaines.

La signification de Jésus-Christ englobe l'essence de Dieu et du cosmos tout entier, alors qu'ils convergent et trouvent une cohérence en lui. Emmanuel – Dieu avec nous – n'est pas une simple hypothèse ; c'est la vérité ultime qui englobe le tissu même de l'existence.

# SUBSTITUTION VICARIANTE

Humanité par procuration : Imaginez si quelqu'un pouvait s'entraîner à la salle de sport pour vous, faire du tapis roulant, suivre un régime, faire vos impôts et gérer vos responsabilités pendant que vous vous asseyez et vous détendez. Cela semble séduisant, n'est-ce pas ? Cependant, même si nous essayons de magnifier la bonté de ce concept, il est loin d'être comparable à la réalité du message évangélique.

Dans notre monde, l'ordre des choses est bien différent. Ici sur Terre, vous travaillez pour votre subsistance et des efforts sont nécessaires pour obtenir des résultats. Mais l'Évangile renverse ce système. Plutôt que de s'efforcer de s'élever, le divin PDG est descendu à notre niveau, assumant notre rôle et nous élevant au-delà de nos capacités. Ce royaume fonctionne à l'opposé de nos normes terrestres : le plus grand est le serviteur, et le plus étonnant est l'invitation à un repas gratuit.

Beaucoup considèrent Jésus comme un modèle moral, cherchant à imiter ses enseignements et à reproduire ses actions. Même si ses enseignements revêtent une signification éthique, son objectif n'était pas simplement de donner l'exemple. Il est venu comme un substitut, accomplissant par procuration ce que nous n'aurions jamais pu accomplir. T.F. Torrance, un théologien remarquable, a inventé le terme « humanité par procuration de Jésus-Christ », soulignant que tout ce que Jésus a fait, il l'a fait pour nous et en tant que nous.

Nous nous accrochons souvent à l'idée que même si la grâce est donnée gratuitement, il existe des conditions préalables cachées : une obligation de croire, de se repentir et de vivre correctement pour valider notre foi. Cependant, la mission de Jésus était d'assumer complètement notre position, en supprimant le besoin de ces suppléments supplémentaires sur le don gratuit de la grâce. Son travail n'était pas seulement pour nous ; c'était comme nous, remplaçant notre besoin d'autojustification.

Foi par procuration : Le concept de foi par procuration révolutionne notre compréhension conventionnelle de la croyance. Cela remet en question l'idée selon laquelle nous, avec nos propres capacités humaines, pourrions véritablement accepter l'étonnante réalité de la mort et de la résurrection de Dieu en tant que don divin. Tenter d'invoquer ne serait-ce qu'un fragment de foi pour déplacer des montagnes semble futile face à une vérité aussi monumentale. Nous nous trouvons complètement en faillite dans le domaine de la foi. Il ne s'agit pas de rejeter l'importance de la foi, mais plutôt de reconnaître que notre salut dépend entièrement de sa foi – un don qui nous est gracieusement accordé. Contrairement à la perception commune, l'Évangile n'exige pas la foi ; il le fournit abondamment.

À la rencontre du récit de l'acte rédempteur du Christ, un immense élan de foi éclate spontanément en réponse à cette bonté incompréhensible. Cependant, la traduction des Écritures dénature souvent cet aspect crucial. Les érudits et les théologiens, en particulier au cours des six dernières décennies, ont défendu une interprétation différente, arguant que les références à la foi en Jésus doivent être comprises comme la foi de Jésus-Christ (Galates 2 : 20). Cette distinction nuancée modifie considérablement notre compréhension du texte.

La foi, contrairement à la croyance commune selon laquelle elle suit la manifestation, précède l'actualisation de son identité. Saisir l'essence de qui vous êtes permet la manifestation de votre moi authentique. Cette foi se nourrit en écoutant, pas seulement en écoutant, mais en comprenant profondément que votre inclusion est une réalité établie (Romains 10 : 17). Jésus a fait l'expérience de l'existence humaine par procuration, vous représentant et agissant en votre nom (Hébreux 12 : 2). Cela ne vous dispense pas des expériences de la vie mais vous permet de vivre en abondance. Cela vous assure, quels que soient votre situation financière, votre lieu de naissance ou vos circonstances, que vous êtes divinement conçu pour l'épanouissement et la prospérité en Dieu, indépendamment des facteurs externes (Éphésiens 2 : 8).

Sa vie, sa mort, sa résurrection et son ascension ne dépendent pas de votre croyance ou de votre conscience ; ils constituent des vérités inaltérables. Vous êtes déjà assis avec Lui (Éphésiens 2 : 6). Même si vos croyances influencent la façon dont vous vivez ces vérités, elles ne changent pas leur réalité. Votre relation avec Dieu reste ferme malgré les fluctuations d'humeur ou d'actions (Galates 2 :20). Libérez les montagnes russes d'émotions concernant votre connexion avec Dieu et embrassez votre plénitude. Ses réalisations remplacent les vôtres, dépassant vos imaginations les plus folles. Il dépasse constamment les attentes, vous accordant la liberté de rêver, de conquérir, de vous reposer et de savourer la vie. L'ancre reste ferme : Jésus-Christ incarne votre relation inébranlable avec Dieu – l'essence même de la Bonne Nouvelle ultime.

***Repentir par procuration*** : Jésus, en notre nom, incarnait une confiance absolue en son Père. Lorsque notre foi faiblit et que nos prières semblent faibles, Il intercède pour nous, incarnant la foi en notre faveur. Il a parfaitement respecté la loi là où nous avons hésité ; depuis sa naissance scandaleuse d'une mère célibataire, il a vécu une obéissance parfaite au milieu de l'imperfection humaine. Lors de son baptême, il a représenté le monde, se faisant le représentant de l'humanité. Il est décrit comme le représentant ultime de l'humanité, le dernier Adam. Tout comme tout ce qui s'est passé avec Adam nous a affectés, tout ce qui s'est passé avec Christ a également été lié à Christ. Son repentir était pour nous un acte indirect. En assumant l'apparence d'une humanité déchue, bien qu'il soit lui-même sans péché, il a réorienté la volonté humaine pour s'aligner parfaitement sur l'intention de Dieu. Dès le début, Il a réaligné notre humanité pour qu'elle fonctionne en parfaite synergie avec le divin.

***Circoncision vicariante*** : En approfondissant l'accent mis par Paul sur la circoncision, nous rencontrons un profond discours théologique. Sa question tourne autour de la tentative de faire adhérer les Gentils aux pratiques juives alors que, selon Paul, leur lien avec le judaïsme passe par Jésus lui-même (Galates 3 : 28). La signification de Jésus-Christ va au-delà de la représentation individuelle ; Il incarne un rôle universel. Son approbation, son affirmation et sa sélection par Dieu au bord du Jourdain symbolisaient le choix et l'élection de Dieu pour le monde entier (Matthieu 3 : 17). Jésus est devenu un vase incarnant à la fois l'honneur et le déshonneur, reflétant l'intégralité de l'humanité (2 Corinthiens 4 : 7).

À travers les expériences indirectes de Jésus, les implications ont une portée cosmique. Sa circoncision résonne universellement, signifiant une circoncision collective du monde (Colossiens 2 : 11). Son jeûne dans le désert a libéré le monde de la tentation et a invité tous à participer à la nourriture spirituelle (Matthieu 4 : 1-11). Dans sa souffrance, il a porté la tristesse du monde pour offrir une joie incompréhensible (Ésaïe 53 : 4). Il a supporté notre fragilité pour parvenir à la plénitude, versant des larmes afin que les nôtres soient effacées (Apocalypse 21 : 4). Par son sacrifice, il a révélé notre adoption en tant qu'enfants de Dieu au milieu de sentiments d'abandon (Romains 8 : 15). Ses meurtrissures apportèrent la guérison, dissipant les ténèbres avec la lumière divine (Ésaïe 53 : 5). Embrassant pleinement l'humanité, Jésus nous a immergés entièrement dans sa divinité, achevant ainsi la restauration de notre relation avec le divin (Colossiens 2 :9-10).

Les implications pratiques de ces vérités remettent souvent en question notre approche des problèmes quotidiens. Même s'il peut sembler futile de revendiquer un repentir indirect pour les actions de quelqu'un d'autre, il est essentiel de s'attaquer aux racines plus profondes de la confusion pour garantir un changement durable (Jacques 5 : 16).

En abordant plus avant l'aspect pratique, la délimitation entre le positionnel et le concret se manifeste. Accepter la réalité de ce que Jésus a accompli est essentiel. Il ne s'agit pas d'être une entité distincte ; vous faites maintenant partie d'une nouvelle création (2 Corinthiens 5 :17). L'effort subjectif pour la bonté s'estompe à mesure que la réalité de la bonté inhérente, grâce à Jésus, se lève (Éphésiens 2 : 10). S'engager dans ce qui découle de cette nature transformée – le désir d'être pionnier, de réussite, de service et d'amour – devient naturel (1 Corinthiens 12 : 4-7).

Cependant, cette transition nécessite un changement d'orientation, des sentiments subjectifs vers la réalité objective établie par Jésus. La confiance en ces vérités démantèle les insécurités et les émotions négatives (Proverbes 3 : 5-6). Lorsqu'elles sont ancrées dans la réalité des réalisations de Jésus et de notre identité en Lui, les manifestations subjectives s'alignent sur cette vérité objective (Galates 2 :20). Cette fusion de la réalité objective et de l'expérience subjective devient la clé d'une véritable transformation.

## METANOÏA

Pendant des siècles, les traductions de termes critiques ont été déformées, conduisant à la manipulation et à l'exploitation des masses par les institutions religieuses. L'un de ces termes, metanoia, combine « méta », signifiant ensemble, et « nous », apparenté à « cœur » ou « esprit », dénotant un profond changement de mentalité ou de cœur. Malheureusement, il a été historiquement traduit par « repentance », dérivé du mot latin « paenitentia » lié à la pénitence. L'ajout du « re » a exacerbé la conscience du péché, favorisant des doctrines trompeuses comme les indulgences, où les gens étaient induits en erreur en achetant les faveurs d'une divinité en colère, finançant des cathédrales et des ministères avec l'argent de la culpabilité.

Le mot grec μετάνοια metanoia, signifiant rassemblement de pensées ou réalignement du raisonnement, a été largement mal compris en raison des traductions. Avant la Vulgate latine de Jérôme, il était largement utilisé. Des personnalités de l'Église primitive comme Tertullien ont souligné sa signification comme un changement radical de mentalité plutôt que comme une confession de péchés. Pourtant, les pères latins l'ont mal traduit par « faire pénitence », conformément aux enseignements catholiques romains, accentuant ainsi la distorsion.

Lorenzo Valla, théologien catholique en 1430, a examiné de manière critique la Vulgate de Jérôme, soulignant de nombreuses inexactitudes. Malheureusement, les tentatives de Valla pour rectifier ces erreurs, y compris la mauvaise traduction de metanoia, ont été rejetées par les adeptes de la « Vulgate uniquement » de son époque, perpétuant les malentendus.

La religion, qui recherche souvent un soutien financier continu, a tendance à maintenir les gens dépendants de sa hiérarchie. Jésus a contesté ce système et a finalement été crucifié pour l'avoir perturbé.

Ésaïe 55 : 8-11 contextualise la metanoïa, illustrant un pont de pensées entre l'humanité et Dieu, semblable à la pluie qui nourrit le sol et réveille les graines. Le préfixe grec « méta », signifiant une autre influence, suggère un puissant entrelacement de pensées, rétablissant l'alignement avec le dessein originel de Dieu et le processus de pensée perturbé par la chute d'Adam.

Marc 11 : 22, où Jésus parle d'avoir « la foi de Dieu », est un verset crucial souvent mal traduit. La distinction cruciale entre nos croyances à propos de Dieu et sa conviction à notre sujet souligne l'essence de la foi. Jésus incarne ce que Dieu croit à propos de l'humanité et de la création.

Un évangile valide doit être enraciné dans la foi de Dieu dans l'œuvre achevée du Christ. Autrement, cela devient encore un autre déguisement religieux, dépourvu de la vérité de la révélation et de la rédemption du Christ en nous.

## REPENTANCE REDÉFINIE

La rencontre transformatrice de Zachée avec l'acceptation au sein du bien-aimé a redéfini l'essence même du repentir. Dans le récit, Jésus n'a pas négocié les conditions de l'acceptation future de Zachée au ciel, une attente commune enracinée dans les systèmes religieux d'aujourd'hui. Il ne s'agissait pas de demander à Zachée de restituer ses biens mal acquis pour garantir sa place au paradis. Pas du tout !

Le catalyseur de la repentance n'est pas la perspective d'obtenir l'acceptation ou l'amour de Dieu ; c'est plutôt la révélation de l'amour immense déjà accordé. C'est cette connaissance qui aligne nos pensées avec celles de Dieu. Nos messages ont souvent fait pression sur les individus pour qu'ils « fassent » le repentir, mais le repentir n'est pas quelque chose que l'on peut « faire ». C'est la bonté et la générosité inhérentes de Dieu qui déclenchent un profond changement dans notre esprit.

Essayer de forcer l'amour par des menaces ne fait qu'inspirer la peur, pas une véritable affection. Le repentir naît d'une initiative d'amour, d'un récit captivant d'affection. Une fois qu'une personne fait réellement l'expérience de l'amour, elle ne peut pas facilement s'en détacher. Quand vous découvrez que votre père n'est pas en colère contre vous, pourquoi choisiriez-vous de résider parmi les cochons ? Jésus a révélé un Père passionnément amoureux de l'humanité, ne les condamnant pas mais les acceptant. (Jean 8 :11). La menace de lapidation ne transforme pas la femme adultère ; c'est la révélation de l'amour paternel et de sa véritable identité qui lui a permis de rechercher l'authenticité (Romains 2 : 4).

Contrairement aux ministères contemporains qui utilisent souvent la peur pour changer de comportement, Jésus n'a pas institué de tactiques de peur ; Il a éclairé les identités oubliées et proclamé l'évangile de l'amour et de l'acceptation.

Un message culpabilisant est discutable. Le pire message du fils prodigue exacerberait la peur et la culpabilité, le dissuadant de rentrer chez lui. La peur et la culpabilité engendrent l'oppression et la dépression, pas le repentir.

Une grande partie de ce que nous appelons le repentir n'est que du remords motivé par la culpabilité et la peur. Le remords ne déclenche pas une transformation de la compréhension ; elle est centrée sur la culpabilité et la peur, ce qui nous empêche d'embrasser notre véritable soi.

La repentance ne consiste pas à s'attarder sur ses péchés et à les confesser ; il s'agit d'accepter la perception que Dieu a de nous et de s'aligner sur la croyance du Père. C'est l'antithèse du remords, libérant les individus de l'esclavage du « je ne suis pas assez bon », les rendant libres d'embrasser leur identité authentique.

# FOI REDÉFINIE

La relation entre foi et espérance suscite la contemplation chez de nombreux croyants. Certains tentent de fabriquer la foi, en la basant sur leurs sentiments éphémères. Mais c'est là que réside la situation difficile : lorsque les sentiments faiblissent, leur « foi » s'effondre également.

Clarifions. La foi voit ce qui EST ; ce n'est pas un mécanisme qui donne du pouvoir aux pensées ou évoque des choses qui nous manquent. Selon Paul, tout nous appartient déjà en Jésus-Christ. Par conséquent, la foi ne consiste pas à envisager l'avenir ; c'est percevoir la réalité présente. Il exprime le langage « C'est à vous MAINTENANT ».

Comme le mentionne Corinthiens, tout vous appartient déjà : le monde, la vie, la mort, le présent et l'avenir (1 Corinthiens 3 : 21-22 NIV). De même, Hébreux aborde la foi comme l'assurance des choses espérées et la conviction d'éléments invisibles (Hébreux 11 : 1 KJV).

Il est révolu le temps où les ombres remplaçaient la substance. Jésus incarne la substance des choses anticipées, accomplissant les promesses prophétiques. Son dévoilement dans la vie humaine répond à toutes les attentes.

La foi n'est pas enracinée dans des sentiments éphémères ou des pensées passagères. Il est ancré dans le succès inébranlable du voyage par procuration du Christ – sa vie, sa mort, sa résurrection, son ascension et son intronisation dans le royaume céleste.

Paul explique cela profondément : « Je suis crucifié avec Christ… la vie que je vis maintenant dans la chair, je la vis par la foi au Fils de Dieu, qui m'a aimé et s'est donné lui-même pour moi » (Galates 2 :20 LSG). Il y a une singularité irréfutable dans la foi, comme le souligne Éphésiens : un Seigneur, une foi, un baptême (Éphésiens 4 : 5). Ici, la foi singulière n'est pas notre croyance en Dieu mais la croyance de Dieu à notre sujet, qui façonne notre identité et notre compréhension.

# FOI OU PENSÉE POSITIVE ?

La pensée positive et la foi semblent souvent similaires mais different considérablement dans leur essence. La pensée positive inspire l'aspiration, poussant les individus à s'améliorer et à acquérir. En revanche, la foi dévoile une réalité intrinsèque : l'identité et les biens de chacun déjà sécurisés grâce aux œuvres de Dieu en Christ.

Les racines de la pensée positive remontent à diverses philosophies à travers les cultures. Les philosophes grecs et romains anciens, tels qu'Épicure et Sénèque, ont adopté des notions proches de la pensée positive, mettant l'accent sur la disposition mentale à rechercher le bonheur et le succès. Cependant, cette idéologie se concentre principalement sur l'effort et l'état d'esprit personnels, visant l'épanouissement personnel et le gain matériel.

En comparaison, la foi, telle qu'elle apparaît dans la tradition judéo-chrétienne, diverge fondamentalement. Elle est ancrée dans une relation avec le divin plutôt que dans l'autonomie. Les Écritures chrétiennes accentuent le caractère unique de la foi – une conviction enracinée dans les promesses et les réalités établies par l'œuvre rédemptrice du Christ.

Considérez Hébreux 11 : 1 (LSG), définissant la foi comme la substance des choses qu'on espère et la preuve de celles qu'on ne voit pas. Cette foi transcende le simple optimisme, présentant une assurance fondée sur des vérités divines, ne dépendant pas de circonstances visibles.

Les enseignements de Paul mettent systématiquement en évidence la distinction entre la foi et la positivité auto-générée. Il a souvent souligné que les croyants possèdent une identité et un héritage enrichis grâce au Christ, soulignant le caractère central de la grâce de Dieu. Par exemple, Éphésiens 2 :8-9

(NIV) souligne que le salut est un don obtenu par la foi et non obtenu par des œuvres personnelles.

Alors que la pensée positive défend l'effort et les perspectives personnelles, la foi redirige l'attention de l'amélioration personnelle vers la reconnaissance et la confiance dans la souveraineté et les promesses de Dieu. Le point crucial réside dans la reconnaissance et l'alignement sur la réalité divine plutôt que sur les aspirations ou les attitudes mentales auto-générées.

## LE DONATEUR EST DANS LE SAC

Tout au long de l'histoire, l'humanité a été aux prises avec le concept de l'interaction de Dieu avec les mortels. En envisageant la réconciliation entre Dieu et l'humanité, il est crucial de reconnaître que cette initiative ne vient pas des humains. Le choix divin de se révéler parmi Sa création à travers le Christ n'était pas le résultat des mérites ou des insuffisances de l'humanité.

L'arrivée du Christ sous forme humaine n'a pas été motivée par le niveau d'affection manifesté par les humains, ni par un acte de pitié envers la misère de l'humanité. Ce n'est pas notre désespoir qui a contraint Son intervention. Si tel avait été le cas, l'humanité serait simplement considérée comme un déchet sans valeur.

L'amour de Dieu ne dépend pas de notre attrait ou de notre valeur. C'est son amour parfait qui l'a poussé à se révéler à nous d'une manière que nous, en tant qu'êtres mortels, pouvions comprendre. Comme le note la Bible dans Romains 5 :8 (NIV), « Mais Dieu démontre son propre amour pour nous en ceci : alors que nous étions encore pécheurs, Christ est mort pour nous. »

Contrairement à l'idée fausse selon laquelle Dieu est repoussé par l'humanité et a besoin du Christ comme tampon, la vérité est bien plus profonde. Colossiens 1 : 19 (NIV) souligne l'importance du Christ, déclarant : « Car Dieu a voulu que toute sa plénitude habite en lui. »

Le Christ n'est pas un simple déguisement porté par l'humanité, semblable au stratagème de Jacob avec Ésaü. Notre existence n'est pas voilée à Dieu par Christ ; nous sommes plutôt enveloppés dans le Christ, cachés dans le divin. C'est une association, pas une manipulation. L'attention de Dieu n'est pas une façade : notre union avec le Christ n'est pas une tentative pour captiver le regard du Père ; c'est une unité intemporelle.

Les Écritures illustrent cette intégration divine. Colossiens 3 :3 (NIV) parle d'être caché avec Christ en Dieu, soulignant le lien inséparable entre l'humanité et le divin. Il ne s'agit pas de rechercher l'attention de Dieu ; c'est la reconnaissance d'une union éternelle.

Cette compréhension brise l'idée fausse selon laquelle l'attention de Dieu est fixée uniquement sur le Christ au sein de l'humanité. Cela dévoile la vérité selon laquelle la relation de l'humanité avec le divin n'est pas transactionnelle ou enracinée dans la tolérance de Dieu mais plutôt dans une unité inhérente avec Lui. L'essence même de l'amour de Dieu s'étend au-delà de nos actions ou de notre état d'être, comme l'assure 1 Jean 4 : 19 (NIV) : « Nous aimons parce qu'il nous a aimés le premier. »

## FOU AMOUREUX...

La révélation du Christ à l'humanité incarne l'amour durable de Dieu pour l'humanité. Cela s'apparente à un cadeau précieux qui incarne le cœur du Divin. Tout comme un homme présente une bague pour symboliser l'amour existant pour une femme, le Christ représente l'affection intemporelle de la Divinité envers l'humanité. C'est une déclaration d'affection divine qui dépasse le temps et l'espace, un geste semblable à celui de tomber éperdument amoureux de sa création.

La révélation du Christ n'est pas le début de l'amour de Dieu, mais une profonde manifestation d'un lien éternel. Cette compréhension libère les individus et leur permet d'accepter leur identité en tant que création chérie de Dieu, favorisant ainsi une appréciation de soi-même et des autres. Reconnaître la profonde affection de Dieu élimine la possibilité de mépriser les autres, reconnaissant chaque personne comme une incarnation unique de l'amour de Dieu.

L'union entre l'humanité et la divinité, manifestée à travers le Christ, démantèle toute notion de séparabilité. Comme le souligne Éphésiens 2 : 14 (NIV), « Car lui-même est notre paix, lui qui a unifié les deux groupes et qui a détruit la barrière, le mur de séparation de l'hostilité. » Le Christ signifie l'inséparabilité de l'humanité et de Dieu, effaçant tout sentiment d'indignité ou de distance.

Le Christ représente la fusion de la divinité avec l'humanité – un beau mélange qui ne diminue en rien l'essence de l'une ou l'autre. C'est une union éternelle où la divinité et l'humanité s'harmonisent, chacune conservant son intégrité. Comme Romains 8 :38-39 (NIV) le rassure : « Car j'ai l'assurance que ni la mort ni la vie, ni les anges ni les démons, ni le présent ni l'avenir, ni aucune puissance, ni la hauteur ni la profondeur, ni rien d'autre dans toute la création. , pourra nous séparer de l'amour de Dieu qui est en Jésus-Christ notre Seigneur.

Dans le Christ, l'amour de Dieu pour l'humanité ne se limite pas à une admiration lointaine mais est un délice partagé, une union du divin et du mortel dans une extraordinaire tapisserie d'amour. Cette union amplifie la valeur et l'importance de chaque individu, révélant chaque personne comme un témoignage vivant de l'amour infini de Dieu.

## TEMPS RACHETÉ

La notion de temps, autrefois entachée de corruption, de fragilité et d'un passé obsédant, a transformé Jésus-Christ. Son œuvre rédemptrice a redéfini notre perception du temps et de sa signification.

Grâce au Christ, les souvenirs douloureux et les regrets du passé ne sont pas simplement effacés mais transformés en source de gratitude. Comme l'illustre Romains 8 :28 (NIV), « Et nous savons qu'en toutes choses, Dieu œuvre pour le bien de ceux qui l'aiment, qui ont été appelés selon son dessein. » Ainsi, le présent n'est plus le point culminant de souffrances insignifiantes mais un déploiement de joie alors que la valeur cachée et le but de la vie sont dévoilés.

De la même manière, l'avenir, une fois mêlé à la culpabilité et à la honte du passé, est libéré par le Christ. Apocalypse 21 :5 (NIV) assure : « Celui qui était assis sur le trône dit : 'Je fais toutes choses nouvelles !' Puis il dit : « Écrivez ceci, car ces paroles sont dignes de confiance et vraies. » Le Christ est l'incarnation de notre avenir, se manifestant dans le présent, brisant les chaînes d'un passé chargé de limitations. Notre avenir repose désormais entre les mains de Celui qui renouvelle toutes choses.

Grâce à l'intervention du Christ, le temps n'est plus fracturé ou en proie à un passé regrettable ou à un avenir effrayant. Chaque instant est doté d'une valeur incommensurable, transformant la confusion en une profonde compréhension. Notre présent est étroitement lié à l'histoire rédemptrice de notre salut et propulsé par un avenir exaltant et déterminé.

Dieu, dans sa grâce infinie, a annulé l'emprise du mal non seulement sur le présent ou le futur, mais même sur le passé. Colossiens 1 :20 (NIV) décrit cela magnifiquement, « et par lui pour se réconcilier toutes choses, soit les choses sur terre, soit celles qui sont dans les cieux, en faisant la paix par son sang versé sur la croix. »

En Christ, le temps transcende ses limites, devenant une toile où se déroule le dessein éternel de Dieu et où chaque instant résonne avec une signification divine. L'emprise du mal sur notre passé, notre présent et notre avenir est annulée par l'œuvre rédemptrice du Christ, ouvrant la voie à une ère où chaque seconde est riche de la promesse de la bonté et du renouveau de Dieu.

## DIEU DE JUSTICE

La représentation du Christ dans le récit de la justice remodèle notre compréhension de la nature de Dieu et redéfinit la justice divine. Il n'est pas venu pour protéger la désobéissance mais pour dévoiler un Dieu dont la justice contredit les idées fausses humaines.

Dans Jean 14 :9 et Jean 10 :30 (NKJV), le Christ met l'accent sur l'unité entre Lui et le Père, offrant un aperçu convaincant de la nature de Dieu. Contrairement aux idées fausses, Jésus s'est engagé auprès des exclus de la société et des pécheurs, remettant en question les croyances religieuses dominantes concernant l'attitude de Dieu à leur égard (Luc 15 : 1-2, ISV).

Considérez l'incident impliquant la femme surprise en flagrant délit d'adultère ; les lois religieuses exigeaient qu'elle soit lapidée. Le contraste entre l'attente religieuse de la justice de Dieu et la réponse du Christ à la situation était frappant. Jésus ne s'est pas conformé à leur perception de la justice divine, dévoilant un Dieu miséricordieux et juste qui contredisait leur mentalité déformée.

Les actions du Christ correspondaient à son origine et à son but. Il a accompli la volonté du Père, reflétant la nature immuable de Dieu, comme le décrivent Jacques 1 :17 et Hébreux 13 :8 (CEV). Celui qui donne la vie ne peut être associé à la mort ; ils sont antithétiques comme le montre Jean 10 : 8-10 (LSG).

Les paroles de Paul dans 2 Corinthiens 3 :6 (LSG) mettent l'accent sur le pouvoir transformateur de l'Esprit sur le légalisme de la loi, en soulignant le contraste entre la mort et la vie. Nos idées fausses sur Dieu ne modifient pas sa nature ; Son essence reste vraie malgré les idéologies humaines (Romains 3 : 4).

La démonstration de justice de Jésus annule la condamnation et le jugement humains à la lumière de l'amour divin. Zachée, considéré comme pécheur, a expérimenté l'étreinte du Christ sans lui lancer d'invitation. Ésaïe 65 :1 (Message Bible) souligne la poursuite constante de Dieu envers l'humanité, quelle que soit sa réponse.

La profondeur réside dans la réalisation que la présence et l'amour de Dieu ne dépendent pas de nos invitations ou de notre acceptation. Sa poursuite, son amour et sa présence ont toujours été constants, quelles que soient nos actions ou nos perceptions. Cette révélation remet en question notre compréhension de la justice et de l'amour divins.

La représentation du Christ brise nos idées fausses, dévoilant un Dieu dont la justice s'aligne sur l'amour et la miséricorde, contredisant le jugement et la condamnation humains. Sa justice n'est pas une question de condamnation mais de poursuite, d'embrassement et de faveur imméritée.

# CHAPITRE
# **HUIT**

# AMOUR SANS LIMITES : IMMUABLE

Tout au long de l'histoire, l'humanité a été aux prises avec la perception de l'amour divin, qu'il soit conditionnel, fluctuant en fonction de nos actions et de nos émotions, ou s'il transcende nos échecs et reste une force immuable. Le récit est souvent obscurci par nos propres expériences et émotions, ce qui rend difficile la compréhension de la cohérence de l'affection de Dieu.

L'analogie avec les conditions météorologiques reflète notre perception de l'amour de Dieu. Parfois, nous le percevons comme ensoleillé, baigné d'un sentiment de faveur divine, tandis que dans les moments d'échec ou de doute, il semble orageux et lointain. Cependant, cette représentation ne reflète pas la véritable nature de Dieu, mais plutôt nos propres émotions changeantes.

Considérez la constance inébranlable du soleil, la source même de chaleur et de lumière dans notre univers. Même obscurci par les nuages, son éclat persiste. De même, l'amour de Dieu se présente comme une force inébranlable, immuable malgré les moments nuageux que nous rencontrons. Nos échecs et nos faux pas n'altèrent pas son amour ; il reste ferme, cohérent et toujours présent.

Pour trouver la stabilité dans notre voyage, il est essentiel de ne pas se laisser influencer par les émotions passagères qui obscurcissent nos perceptions. Au lieu de cela, nous devrions constamment nous plonger dans l'affection inébranlable de notre Père céleste. La présence durable du soleil sert de représentation symbolique de l'amour de Dieu : incessant, constant et toujours brillant.

Au cœur de cet amour divin se trouve « agape », l'amour profond et altruiste qui caractérise la nature de Dieu. C'est cet amour agape qui sous-tend chaque émotion, action et interaction qu'Il a avec l'humanité. Embrasser et compter sur cet amour immuable, tel qu'énoncé dans 1 Jean 4 : 16, devient la pierre angulaire de notre foi – reconnaître qu'au cœur de tout cela, « Dieu est amour ».

## GUERRE SPIRITUELLE

Le discours autour du combat spirituel conduit souvent à une distraction répandue dans de nombreuses églises contemporaines : un récit qui revitalise un adversaire vaincu. Cependant, la vérité demeure : Dieu, à travers la croix, a déjà désarmé chaque principauté et chaque domination.

Considérez la délivrance des Israélites d'Égypte : un changement profond s'est produit lorsque Pharaon a été retiré de l'équation. Pourtant, ils se sont laissés prendre au piège de leur propre illusion, se rétrécissant de peur en apercevant des géants là où il n'y en avait pas.

James souligne astucieusement qu'un individu irrésolu se trompe lui-même. Ni Jésus ni l'Église primitive dans les Actes ne se sont engagés dans des rituels élaborés pour lier avec de l'huile de prétendus « hommes forts » ou des lieux oints. Tout enseignement qui détourne l'attention du triomphe de la croix est vain.

Le moment charnière de la croix résonne à travers l'histoire : « C'est fini ! » Jean 19 :33. Cette vérité annule tout retard dans l'expérience de la gloire qui suit la croix. La crucifixion, l'enterrement et la résurrection du Christ incarnent un changement cosmique qui rend vaines les distractions religieuses.

Paul a dit : « Ayant été enterrés avec lui dans le baptême, dans lequel vous avez également été ressuscités avec lui par votre foi en l'œuvre de Dieu, qui l'a ressuscité des morts. Lorsque vous étiez morts dans vos péchés et par l'incirconcision de votre chair, Dieu vous a rendu vivant avec Christ. Il nous a pardonné tous nos péchés, ayant annulé la charge de notre dette légale, qui s'opposait à nous et nous condamnait ; il l'a enlevé et l'a cloué sur la croix. Et après avoir désarmé les pouvoirs et les autorités, il en fit un spectacle public, triomphant d'eux par la croix. Par conséquent, ne laissez personne vous juger sur ce que vous mangez ou buvez, ou en ce qui concerne une fête religieuse, une célébration de la Nouvelle Lune ou un jour de sabbat. Ce ne sont que l'ombre des choses qui devaient arriver ; la réalité, cependant, se trouve en Christ. (Colossiens 2 : 12-17 NIV) Paul nous dit que notre co-enterrement, notre co-circoncision et notre résurrection conjointe dans sa mort sont maintenant démontrées par le baptême. Notre co-inclusion en Christ est ce que la foi de Dieu savait lorsqu'il a ressuscité Jésus d'entre les morts (Osée 6 : 2). Ces compréhensions éclairent davantage cette réalité. Notre co-enterrement, co-circoncision et co-résurrection en Christ trouvent leur démonstration dans le baptême. Dans notre inclusion en Christ, la foi de Dieu était évidente lorsque Jésus est ressuscité des morts.

Nous étions autrefois spirituellement morts, pris au piège d'une vie dictée par des désirs charnels. Mais Dieu, dans sa grâce, a restauré notre innocence et notre dignité, pardonnant tous nos défauts. La mort du Christ sur la croix a effacé le témoignage écrit de la culpabilité de l'humanité, désarmant toute accusation portée contre nous.

La voix de la croix résonne, privant la religion de son pouvoir de manipulation par la culpabilité. Cela annule toute accusation, libérant l'humanité de la condamnation et de la honte. Par conséquent, les règles et réglementations religieuses – relatives à la nourriture, aux festivals et aux rituels – n'ont plus d'influence. Ils servaient d'ombres prophétiques, leur substance étant pleinement réalisée en Christ.

La croix, point d'appui de l'amour divin et de la rédemption, marque la fin des restrictions religieuses et inaugure le règne de la grâce et de la liberté. Le Christ, et non les rituels ou les réglementations, incarne la réalité ultime, rendant superflue toute tentative de faire revivre des pratiques obsolètes.

## ÊTES-VOUS UNE VICTIME ?

Dans le contexte historique de la lettre de Paul aux Colossiens, l'environnement dominant était riche en pensée philosophique et en croyances religieuses diverses. Les gens étaient plongés dans diverses activités intellectuelles, explorant des idées, des traditions et des rituels, dans l'espoir d'en découvrir un sens et un but. Paul, conscient de ces distractions intellectuelles, a exhorté les Colossiens à s'enraciner dans la profonde vérité trouvée en Christ plutôt que de s'empêtrer dans des notions philosophiques vides.

L'accent mis sur le Christ en tant qu'incarnation du divin constituait une rupture radicale avec les croyances religieuses conventionnelles. En Christ résidait la totalité de Dieu, non pas abstraitement, mais tangiblement sous forme humaine. Cette déclaration était révolutionnaire : une affirmation selon laquelle l'humanité a trouvé son expression et son but ultimes en Christ.

L'expression « en lui, toute la plénitude de la Divinité réside dans un corps humain » souligne la nature profonde de l'identité du Christ. C'est une déclaration qui élève l'existence humaine, affirmant que l'essence complète de Dieu réside dans l'expérience humaine (Colossiens 1 : 19). Paul, en articulant cette vérité, cherchait à dévoiler une perspective radicale : en Christ, l'humanité a découvert sa plénitude.

L'exhaustivité dont il parlait n'était pas basée sur la performance ou sur l'adhésion à un ensemble de règles religieuses. Il ne s'agissait pas d'aspirer à un idéal inaccessible. Il s'agissait plutôt d'une invitation à réaliser que l'essence de ce que nous sommes – notre véritable identité – se trouve en Christ. Il ne s'agissait pas d'une nouvelle identité à réaliser ; c'était une vérité qui devait être reconnue et célébrée.

Le terme « exousia », souvent traduit par autorité, est ici redéfini pour véhiculer un sens plus profond. Il ne s'agit pas seulement d'exercer le pouvoir ; cela signifie une émanation du cœur de l'être, provenant du divin « Je suis ». Il s'agit d'un profond changement de compréhension : s'éloigner d'une image de soi incomplète imposée par les normes sociétales ou les lois religieuses pour embrasser la nature innée et complète trouvée en Christ.

Paul a mis les Colossiens au défi de rejeter les enseignements qui perpétuent un sentiment d'insuffisance ou d'incomplétude. Au lieu de cela, il les a encouragés à embrasser pleinement la vérité selon laquelle en Christ, ils étaient déjà complets (Colossiens 2 : 8-10). C'était un appel à une vie vécue non pas à la recherche de quelque chose d'extérieur, mais dans la célébration de la réalité profonde déjà présente à l'intérieur : la plénitude trouvée en Christ.

## INTENSITÉ DE L'AMOUR DE DIEU

Le concept de l'amour de Dieu s'étend bien au-delà d'un sentiment générique ; c'est profondément personnel et intimement lié à chaque individu. Cet aspect est magnifiquement décrit dans divers passages de la Bible, soulignant le soin et l'attention méticuleux que Dieu accorde à chaque personne.

Dans la traduction du Message, il y a l'assurance que Dieu ne nous voit pas simplement comme des chiffres ou des statistiques ; au lieu de cela, il nous appelle par notre nom, mettant l'accent sur son approche personnalisée envers chaque individu. Cette idée résonne avec la notion biblique de l'amour intentionnel et sélectif de Dieu pour sa création, comme mentionné dans Éphésiens 1 : 4. Ici, il est indiqué que Dieu nous a choisis individuellement, avant même la fondation du monde, avec l'intention que nous soyons irréprochables et consacrés devant Lui.

La profondeur de l'amour de Dieu transcende le temps lui-même. Avant que notre existence ne prenne forme, Dieu connaissait et envisageait intimement chacun de nous. Cela se retrouve dans les paroles de Jérémie 1 : 5, qui mettent en évidence la conscience que Dieu a de nous avant même notre conception, suggérant que ses pensées et ses plans pour nous sont antérieurs à notre être physique.

Le Psaume 139 offre une réflexion profonde sur la connaissance intime que Dieu a de nous. Cela dépeint la profondeur de sa compréhension de nos pensées, de nos actions et même des paroles encore tacites. Ce psaume capture l'essence de la proximité de Dieu avec nous, décrivant comment il comprend notre être même : passé, présent et futur.

> « *Ô Éternel, tu m'as sondé et tu m'as connu.*
> *Vous savez quand je m'assois et quand je me lève ;*
> *Vous comprenez ma pensée de loin.*
> *Tu scrutes mon chemin et ma position couchée,*
> *Et je connais intimement toutes mes voies.*
> *Avant même qu'il y ait un mot sur ma langue,*

> *Voici, ô Éternel, tu sais tout.*
> *Tu m'as enfermé derrière et devant,*
> *Et tu m'as imposé la main.*
> *Mon corps ne t'était pas caché,*
> *Quand j'ai été créé en secret,*
> *Et habilement travaillé dans les profondeurs de la terre ;*
> *Vos yeux ont vu ma substance informe ;*
> *Et dans ton livre étaient tous écrits*
> *Les jours qui m'ont été ordonnés,*
> *Alors qu'il n'y en avait pas encore un.*
> **(Psaumes 139 :1-5, 15, 16)**

La description intime du Psaume 139 souligne la profondeur profonde du lien de Dieu avec chaque individu. Il raconte comment Dieu connaît intimement chacun de nos mouvements, nos pensées et même notre existence informe dans l'utérus. Ce niveau de connaissance et d'implication personnelles dépeint un amour divin qui transcende la compréhension humaine.

Ces versets brossent collectivement une image vivante d'un Dieu dont l'amour pour l'humanité n'est pas seulement un concept lointain mais une relation complexe avec chaque individu. De la pré-création à notre formation dans l'utérus, son amour est décrit comme profondément personnel, mettant l'accent sur sa connaissance intime et son souci de chaque personne. C'est le portrait d'un Créateur intensément personnel et aimant dont l'attention portée à chaque individu est sans précédent.

Est-ce que cela peut devenir plus personnel, plus intime que ça ?

Il vous connaissait, rêvait de vous et anticipait chaque détail de votre vie, avant que vous ne soyez formé !

# L'INTENSITÉ DE L'INCARNATION

L'incarnation, événement crucial dans le christianisme, revêt une profonde signification théologique. Dans l'union de la divinité et de l'humanité en Jésus-Christ, une tapisserie complexe d'implications émerge. À la base, cette union englobe une connexion universelle avec l'ensemble de l'humanité tout en abordant de manière complexe l'individualité de chaque personne.

L'incarnation de la Parole divine sous forme humaine impacte profondément à la fois le collectif et le personnel. C'est un événement où l'immensité du dessein divin converge avec la spécificité de l'existence individuelle. Jésus, en tant que Verbe incarné, n'incarnait pas simplement un concept mais embrassait plutôt l'essence de chaque personne. Cet acte signifie l'implication intime du Créateur avec la création, mettant en lumière la pertinence personnelle dans le grand récit de la rédemption.

L'incarnation représente la résolution ultime, la consommation de la relation divine-humaine, encapsulée dans la personne du Christ. Cette fusion divine-humaine lance une invitation, invitant l'humanité à entrer dans une relation déjà perfectionnée. C'est une invitation à partager la profondeur et l'essence de la communion fraternelle que Jésus partage avec le Père.

L'invitation ne se limite pas à une simple association avec Jésus ; cela transcende la participation à l'unité profonde et à l'intimité dont Jésus jouit avec le Père. Cela signifie une opportunité pour l'humanité de vivre une relation avec Dieu qui reflète le lien même entre le Père et le Fils. Cet appel divin met l'accent sur une invitation à participer à une communion qui incarne la profondeur de l'amour divin et de l'unité trouvée au sein de la Divinité.

## L'AMOUR ÉVEILLÉ

L'amour n'est pas une émotion passive mais une force active qui cherche une réponse réciproque, un émoi de l'âme, désirant une réaction tout aussi profonde.

Le verset des Psaumes 17 : 15 capture magnifiquement l'essence de cet éveil : un désir de contempler la justice de Dieu et de trouver la satisfaction ultime en contemplant sa forme. Cela fait allusion au cœur du repentir : un moment d'éveil, une émergence vers une véritable conscience de soi.

Notre capacité à répondre à Dieu trouve sa racine dans son acte initial envers nous. Il nous a aimés le premier, ouvrant la voie à notre réponse à son amour. Cette divine histoire d'amour transcende la formalité ou les gestes répétés ; c'est une réponse authentique et sincère à l'amour qu'Il dévoile.

L'étendue de l'amour de Dieu englobe toute la création, mais au sein de cette immensité, chaque individu occupe une place unique. Reconnaître cela alimente notre mission de partager cet amour profond avec tous ceux que nous rencontrons. Notre communication évangélique n'est pas seulement une annonce mais une invitation à une rencontre profondément personnelle avec le Divin. C'est reconnaître que chaque personne fait à la fois partie du grand récit et est personnellement chérie par Dieu. Cette révélation est au cœur de l'incroyable nouvelle que nous sommes chargés de partager.

## RESSEMBLANCE MIROIR

Le concept selon lequel les individus ne sont pas naturellement nés dans le christianisme ne néglige pas leur origine divine. Jérémie 1 : 5 fait écho à ce sentiment, soulignant la connaissance préexistante que Dieu avait des individus avant même leur création physique. Cette idée fondamentale positionne l'humanité comme un concept original né dans l'esprit de Dieu.

Notre existence se déroule dans un monde imprégné de diverses normes culturelles et traditionnelles, dont beaucoup proviennent du paradigme déchu de l'Arbre de la Connaissance. Ce système perpétue l'idée selon laquelle l'identité d'une personne n'est pas inhérente mais doit être atteinte grâce à un effort constant. Cependant, la réalité est que les gens, souvent poussés à des actions négatives, le font en raison d'une perception déformée d'eux-mêmes, ignorant leur valeur inhérente en tant que reflets de Dieu.

Jacques 3 : 9 met en évidence le paradoxe de louer Dieu tout en maudissant nos semblables créés à l'image de Dieu. Cela souligne l'erreur de condamner quelqu'un sur la base de ses actes ; cela ressemble à un médecin réprimandant un patient pour avoir présenté des symptômes. Même si l'on est affligé, il ne devient pas l'affliction. Le vrai culte implique donc de traiter les autres avec le même soin et le même respect que Jésus-Christ lui-même, quelles que soient les apparences.

Une multitude existe dans l'ignorance, ignorant sa valeur inhérente, sa valeur et son innocence rachetée. L'essence de la vie chrétienne réside dans la déclaration de cette vérité à propos de chaque individu. Jésus signifie que découvrir la vérité sur sa nature divine et humaine brise les portes de l'ignorance, permettant à ceux qui sont dans les ténèbres de se reconnaître en lui. Cette révélation les rend libres de réaliser leur moi authentique.

# CHAPITRE
# NEUF

# CHAPITRE NEUF

Les paroles de Jésus dans Jean 17 : 26 résonnent profondément, mettant l'accent sur la transmission de l'amour divin, permettant sa résidence au sein des individus, tout en incarnant sa présence parmi eux. Cette notion est encore approfondie dans la perspective théologique de Thomas F. Torrance, qui résume la signification de l'Incarnation, où Dieu, dans son immensité, a convergé avec l'existence humaine, la liant à lui-même.

Les apôtres nous poussent à contempler l'éternité de Jésus-Christ comme Fils intemporel du Père incarné. Leurs enseignements ont été essentiels, élargissant la compréhension de l'Église primitive et illuminant l'unité éternelle du Dieu Trinité – Père, Fils et Saint-Esprit – indivisible mais unifié. Cette compréhension à Nicée fait écho aux enseignements apostoliques sur la création par et pour le Fils, accentuant l'unité trinitaire au sein de toute existence.

Cette union n'est pas une connexion nouvelle mais une réalité fondamentale, dans laquelle le Fils, en tant que Créateur et Soutien, est intimement lié à la création. Tout schisme entre le Fils et la création met en péril son existence. La Chute a perturbé cette union, privant l'humanité de la participation à la vie de la Trinité et mettant en danger sa relation avec le Dieu Trinité.

Athanase souligne la descente de l'humanité vers la non-existence après la Chute, décrivant l'incarnation comme une réponse profonde à cette annihilation imminente. En prenant chair, le Fils rétablit son lien inhérent avec l'humanité, éradiquant la menace imminente de leur disparition. Cet acte d'éclat rédempteur permet au Fils de s'engager personnellement dans l'aliénation humaine et la rébellion, entrant dans la sphère du rejet humain.

Le Fils incarné, au milieu de la crucifixion et de la résurrection, solidifie son union avec l'humanité. Étonnamment, à travers notre défi et notre rejet, Jésus s'unit à nous, effaçant le spectre de la non-existence. Son amour miséricordieux transcende notre rébellion, englobe notre incrédulité et annule la menace de notre annihilation, manifestant ainsi la profonde profondeur de sa création compatissante envers l'humanité.

## OFFRANDE ÉTONNÉE

La description de la réponse humaine au Fils et Créateur incarné est stupéfiante : un acte de rejet, d'amertume et d'hostilité. Le Fils de Dieu a volontairement enduré le dédain et le mépris de l'humanité, éprouvant toute la colère de la race humaine, et non celle du Père, sur la colline du Golgotha. Étonnamment, celui qui a été crucifié par l'humanité était le Fils éternel du Père, oint du Saint-Esprit et créateur et soutien de tous.

Cet acte sacrificiel n'était pas seulement une démonstration extérieure de souveraineté ; cela transcendait une simple transaction juridique. C'était l'union du Fils avec la race humaine au milieu de leur rébellion. Le fait qu'il ait enduré l'hostilité de l'humanité est devenu le moyen de les lier éternellement à Lui, contrecarrant toute possibilité de séparation.

Le Fils crucifié, incarnant un amour et un péché inimaginables, est devenu le propitiatoire, là où la miséricorde divine et la trahison humaine se croisent. Cet acte a donné naissance à la Nouvelle Alliance, redéfinissant la relation du Créateur avec sa création fracturée par la miséricorde divine et la trahison humaine.

Dans ce rejet, Jésus incarnait l'union entre le Père, le Saint-Esprit et l'humanité – une union qui ne dépend pas de la foi humaine mais qui est établie par l'incrédulité et la trahison humaines. L'Esprit Saint, déjà un avec Jésus dans son expérience de la colère humaine, ne vient pas établir une nouvelle relation mais dévoiler cette union au sein des ténèbres de l'humanité.

Grâce à la révélation de l'Esprit, l'humanité contemple Jésus rejeté à l'intérieur, confronté à sa culpabilité, sa honte et son indignité. L'Esprit dévoile la vérité : au milieu du rejet de l'humanité, le Père ne les a jamais abandonnés, mais il les a acceptés et embrassés comme des enfants bien-aimés dans leur égarement.

Alors que les individus sont aux prises avec la révélation de l'Esprit, ils découvrent la présence de l'Esprit dans leur âme traumatisée, faisant de leur cœur une demeure pour la joie et la puissance divines. Paradoxalement, dans le rejet de l'humanité, ils ont sans le savoir offert le Fils fidèle comme réponse au Père, conduisant à une prise de conscience de l'amour inébranlable du Père et de l'humilité sans limites de Jésus.

## ACCEPTATION ÉTONNÉE

À l'époque actuelle, le Saint-Esprit déploie une révélation, dévoilant le Christ en nous, dévoilant l'union qui transcende notre aliénation à travers notre rejet passé de Lui. Le « JE SUIS » de Jésus habite désormais notre « JE NE SUIS PAS » et notre Père prend plaisir à révéler Son Fils en nous, par la joie du Saint-Esprit. C'est la vérité profonde – Christ en vous – qui mérite d'être proclamée comme évangile pour tous.

Cette vérité, le Christ en nous, sert également de lumière éclairante au milieu des ténèbres, nous appelant à nous aligner sur Jésus contre nos perceptions et projections erronées. Il nous avertit que si nous n'y parvenons pas, nous nous enfermons dans la grande illusion et la peur qui l'accompagne. L'humanité est maintenant confrontée à la directive de Jésus : demeurez en moi et dans mon amour, et des fruits abondants suivront. Là arrive la promesse importante de Jésus : Marchez à mes côtés et je révélerai la compagnie de mon Père avec moi, vous présentant une vie dans le Saint-Esprit qui dépasse actuellement votre imagination.

Cette vie n'est pas marquée par la solitude, la peur, les contraintes religieuses ou l'autosatisfaction ; c'est plutôt une vie pleine d'espoir et de liberté, offrant une compréhension profonde et étant embrassée avec délice. Au milieu de votre séparation perçue, pris au piège dans les plans trompeurs de l'ennemi, ma présence d'amour vous invite à demeurer dans mon amour, à accepter mon étreinte telle que vous êtes. Embrassez mon Père comme le vôtre, et je vous assure que l'essence même de mon être coulera en vous comme une rivière d'eau vive, réparant les fragments brisés de votre semblant.

Demeurer en moi et porter du fruit abondant signifie se tenir à mes côtés, réfuter le jugement sévère que vous croyez que mon Père vous impose. Cela signifie rejeter l'image de soi d'un raté ou d'un apostat digne de dédain et rejeter la croyance selon laquelle vous savez tout et ne pouvez pas être corrigé. Refusez de considérer vos adversaires comme étant en dehors des limites de mon amour, et je vous guiderai vers la paix profonde du Dieu Trinité, vous façonnant de l'intérieur. Cette transformation conduira à ce que la terre soit saturée de la connaissance du Seigneur, tout comme les mers recouvrent la terre.

## LA MEILLEURE NOUVELLE, PAS CE QUE VOUS PENSIEZ...

L'Évangile n'est pas une invitation à accueillir Jésus dans nos vies ; c'est la vérité profonde que Jésus nous a déjà reçus dans sa vie. Il ne s'agit pas de Lui présenter le meilleur de notre dimanche ; il s'agit de Lui qui nous embrasse dans nos brisements, nos doutes et nos peurs les plus profondes. Cette révélation du Christ en nous apporte à la fois un espoir incroyable et un défi à nos anciennes façons de voir et de croire.

Considérez Éphésiens 1 : 4-5, où il est question de Dieu nous choisissant avant la fondation du monde, prédestinés dans l'amour à être adoptés comme ses enfants par Jésus-Christ. Cet amour s'étend bien au-delà de ce que nous percevons. Cela confronte nos croyances selon lesquelles nous sommes éloignés de Dieu, que son amour est conditionnel et que nous devons mériter son acceptation.

La nature de la vraie foi, comme le souligne Éphésiens 2 : 8-9, ne concerne pas nos efforts indépendants pour combler le fossé qui nous sépare de Dieu. Il s'agit plutôt de faire confiance à la réalité de notre union avec le Christ. C'est voir la vie à travers ses yeux et être d'accord avec sa vérité, nous conduisant à expérimenter sa paix, sa joie et son espoir.

Pourtant, notre résistance – le rejet de cette révélation – est la véritable nature du péché. C'est comme exiger que Jésus se conforme à nos perceptions et convictions plutôt que d'embrasser sa vision et sa vérité. C'est refuser de reconnaître la réalité immuable du Christ en nous, demeurant en union avec notre âme même.

Romains 8 : 38-39 nous assure que rien – aucune force, aucun choix – ne peut nous séparer de l'amour de Dieu en Jésus-Christ. Nous pourrions persister dans nos anciennes habitudes, en continuant à vivre dans des illusions et des idées fausses. Cependant, nous ne pouvons pas échapper à la vérité du Christ en nous ou à son amour inconditionnel.

En fin de compte, l'Évangile révèle que Jésus-Christ ne se contente pas de frapper à la porte de nos vies ; Il est déjà entré et a élu domicile en nous. C'est une vérité étonnante que, dans notre incrédulité, Jésus reste uni à nous, nous invitant à une vie de vraie liberté, une vie fidèle à son amour et à son espérance.

## UNIS AVEC LE CHRIST, PAS UNE ILLUSION...

L'union que nous partageons avec Jésus ne nous est pas imposée ; c'est plutôt le résultat profond de nos choix. Lorsque nous l'avons rejeté, involontairement, nous avons invité sa présence dans nos blessures les plus profondes. En crucifiant le Fils de Dieu, nous nous sommes paradoxalement ouverts à sa proximité, malgré notre aliénation inhérente. Dans ce lieu de désespoir, Jésus parle comme la Parole vivante, illuminant les ténèbres avec la lumière de la vie.

Le Saint-Esprit, en compagnie inséparable du Fils, résonne en nous, déclarant notre statut d'enfants du Père, cohéritiers de sa vie divine, partageant l'héritage de Jésus lui-même. Cette révélation remarquable réveille un espoir si beau et si vivifiant que même dans notre fragilité, elle remet en question les hypothèses et les illusions auxquelles nous nous accrochons depuis si longtemps.

Le combat de la foi ne consiste pas à s'efforcer de parvenir à l'unité avec Jésus ; il s'agit plutôt d'embrasser et de vivre dans la réalité de l'union qu'Il a établie avec nous. C'est une bataille profonde entre la vérité que Jésus incarne et nos perceptions erronées et fragmentées. Notre combat commence avec le rejet de Jésus, mais il prend de l'ampleur avec sa révélation en nous par le Saint-Esprit – une assurance d'embrasser la vie et la gloire du Dieu Trinité.

Cette lutte spirituelle ne vise pas à acquérir l'unité avec Jésus ; il s'agit de démanteler nos fausses perceptions pour permettre à Jésus et à sa relation divine avec le Père et le Saint-Esprit de régner en nous. Il s'agit d'un voyage participatif dans lequel nous coopérons à son œuvre visant à transformer nos perspectives, à nourrir la foi et à favoriser la croissance à son image.

Même si nous choisissons de rester retranchés dans l'illusion de la séparation et des ténèbres qui en résultent, l'union éternelle entre le Père, le Fils et le Saint-Esprit reste inchangée. Leur unité divine, conçue dans l'éternité, se manifeste désormais dans la soumission de Jésus à nous au milieu de notre éloignement.

Malgré notre résistance, l'amour du Père reste inébranlable, le Saint-Esprit persiste à éclairer la vérité et Jésus continue d'étendre son amour même dans nos moments les plus sombres. L'union incassable forgée dans l'éternité nous assure un lien durable, quelles que soient notre incrédulité temporaire ou nos idées fausses. L'amour implacable du Père et son opposition à notre incrédulité persistent, garantissant que nous ne perdons jamais le potentiel de révélation et de transformation.

Jean 1 :5 (NIV) : « La lumière brille dans les ténèbres, et les ténèbres ne l'ont pas vaincue. »

Romains 8 : 17 (NIV) : « Or, si nous sommes enfants, nous sommes donc héritiers, héritiers de Dieu et cohéritiers de Christ, si toutefois nous partageons ses souffrances, afin que nous ayons aussi part à sa gloire. »

Éphésiens 3 : 17-19 (NIV) : « Et je prie pour que vous, étant enracinés et établis dans l'amour, ayez le pouvoir, avec tout le peuple saint du Seigneur, de comprendre combien est large, longue, haute et profonde l'amour de Christ, et connaître cet amour qui surpasse toute connaissance, afin que vous soyez remplis à la mesure de toute la plénitude de Dieu. »

Romains 8 :38-39 (NIV) : « Car j'ai l'assurance que ni la mort ni la vie, ni les anges ni les démons, ni le présent ni l'avenir, ni aucune puissance, ni la hauteur ni la profondeur, ni rien d'autre dans toute la création, ne seront capable de nous séparer de l'amour de Dieu qui est en Jésus-Christ notre Seigneur.

## CONTEMPLEZ ET DEVENEZ

S'engager dans la vérité détient un pouvoir sans précédent pour remodeler nos vies, dictant à la fois notre perception et notre transformation. La façon dont nous écoutons influence ce que nous percevons, et ce que nous voyons façonne finalement qui nous devenons.

Considérez le chemin parcouru depuis l'audition jusqu'à l'expérience de la vérité. « Ce qui était dès le commencement, ce que nous avons entendu, ce que nous avons vu de nos yeux, ce que nous avons regardé et ce que nos mains ont touché, c'est ce que nous proclamons au sujet de la Parole de vie » (1 Jean 1 : 1). Ce verset met l'accent sur la progression séquentielle depuis la réception auditive jusqu'aux rencontres tangibles avec la vérité de Dieu. Il illustre comment la rencontre avec la présence tangible de Dieu commence par l'acte d'écoute attentive.

Les contextes historiques et culturels révèlent l'importance de la tradition orale dans les sociétés anciennes. L'audition était fondamentale pour l'apprentissage, en particulier dans les contextes où les supports écrits étaient rares. Dans la tradition juive, entendre la Parole de Dieu était essentiel, influençant les croyances, les actions et la vie spirituelle. De plus, l'acte de voir et d'expérimenter avait une signification profonde, symbolisant une compréhension et une intériorisation plus profondes des vérités divines.

Ce verset biblique souligne la transition d'une simple réception auditive à une expérience globale – un voyage depuis l'audition parler de Dieu jusqu'à la rencontre de sa présence tangible. Il souligne le caractère progressif de la révélation : de la compréhension auditive à la perception visuelle, menant à de profondes rencontres spirituelles.

S'engager dans la vérité divine passe de l'écoute à la compréhension, de la vue au regard attentif, et enfin, du témoignage au toucher - un processus qui se déroule à mesure que les croyants approfondissent leur compréhension et leur expérience de la Parole de Dieu.

## VOUS APPARTENEZ

Comprendre notre sentiment d'appartenance ne découle pas de la conformité à des croyances ou à des comportements, mais prendre conscience de notre appartenance inhérente à un design plus vaste est essentiel. Le concept d'appartenance transcende nos actions ou nos convictions ; c'est un aspect intrinsèque tissé dans notre existence depuis notre création. Ce n'est pas une destination que nous nous efforçons d'atteindre mais le point même à partir duquel nous commençons notre voyage.

Les contextes culturels et religieux anciens tournaient souvent autour des notions d'inclusion ou d'exclusion, mettant l'accent sur l'adhésion à des croyances ou pratiques spécifiques pour être acceptées ou appartenir. Dans le judaïsme ancien, l'appartenance à la communauté était un aspect central, déterminé par la conformité religieuse. De même, dans les sociétés grecques et romaines, l'appartenance était liée à la conformité aux normes sociales et aux pratiques religieuses.

Le récit biblique souligne l'idée d'appartenance inhérente. « Avant de te former dans le sein maternel, je te connaissais, avant que tu naisses, je t'ai mis à part » (Jérémie 1 : 5). Ce verset dépeint une appartenance préexistante – une reconnaissance divine de l'identité et du but avant même l'existence physique.

La révélation que nous appartenons intrinsèquement modifie nos perspectives. Cela transforme notre compréhension, nous obligeant à embrasser une réalité profonde : l'appartenance a été notre point de départ, et non notre objectif lointain. Cette prise de conscience redéfinit nos motivations, remodelant nos comportements à partir d'un lieu de compréhension plutôt que de recherche d'acceptation.

Comprendre notre appartenance inhérente transcende les barrières. La reconnaissance d'une origine commune au sein de l'humanité dissout les divisions religieuses, raciales ou idéologiques. Cela fait écho à la notion scripturaire : « Il n'y a ni Juif ni Gentil, ni esclave ni libre, il n'y a pas non plus d'homme et de femme, car vous êtes tous un en Jésus-Christ » (Galates 3 :28). Il met l'accent sur l'unité malgré les divisions sociétales.

L'essence réside dans le dépassement de l'adhésion religieuse pour se connecter par l'amour. Plutôt que d'adhérer uniquement à des doctrines religieuses, mettre l'accent sur un lien fondamental enraciné dans l'amour lui-même favorise des relations authentiques. Cela remet en question l'idée selon laquelle la religion est la seule base de connexion, en déplaçant l'attention vers un amour inné et sincère – un langage universel qui unit l'humanité.

# LIBRE D'ÊTRE VOUS

Le concept de liberté, illustré par la vie de Jésus-Christ, s'étend à chaque individu. Le message de l'apôtre Paul dans Galates 5 : 1 souligne que la mission du Christ était d'accorder cette liberté à l'humanité.

Cette liberté n'est pas une licence pour embrasser la nature déchue héritée d'Adam. Cela signifie plutôt une véritable liberté : la liberté de refléter notre conception originale et glorieuse.

Il s'agit de manifester l'image divine dans laquelle nous avons été créés, en affichant la ressemblance inhérente au Dieu invisible mais magnifique. Cette révélation nous permet d'incarner l'essence du fait d'être des enfants de Dieu, mettant en valeur l'existence authentique, semblable à celle du Christ, en nous. Cette liberté consiste à expérimenter et à démontrer la vie qui reflète le Christ dans sa forme la plus vraie.

Contrairement aux idées reçues, le cheminement chrétien ne consiste pas à supprimer sa nature. Il s'agit plutôt d'accepter la réalité profonde d'être crucifié avec Christ. C'est un éveil à notre justice, une prise de conscience que notre identité est inséparablement unie à la crucifixion du Christ. Cette compréhension nous invite à nous éveiller à la justice qui nous est accordée, non pas par nos propres efforts mais par notre co-participation à l'œuvre rédemptrice du Christ.

Historiquement, le récit paléochrétien entourant la liberté et l'identité en Christ a émergé dans divers contextes. Sous l'Empire romain, les concepts de liberté étaient souvent centrés sur la citoyenneté, mais Paul a introduit une dimension spirituelle à la liberté. Il a mis l'accent sur la libération de l'esclavage du péché et de la loi par le Christ, un concept radicalement différent des libertés sociétales dominantes.

L'essentiel réside dans la reconnaissance que la vraie liberté ne concerne pas seulement l'expression individuelle mais la révélation de son identité divinement conçue. Il s'agit d'accepter et d'exposer la vie transformée que Christ offre – une vie libérée des chaînes du péché et éveillée à la justice trouvée dans l'union avec Christ.

# AMOUR - QUI VOUS ÊTES

Tout au long de l'histoire, la compréhension par l'humanité de son essence fondamentale, enracinée dans l'amour et l'authenticité, a souvent été obscurcie par des objectifs de division, en particulier dans les croyances religieuses.

Dans de nombreux contextes culturels et historiques, la célébration de l'authenticité et de l'amour en tant qu'attributs humains définissant a été soulignée. Des philosophes, comme Platon et Aristote dans la Grèce antique, ont réfléchi à l'importance de vertus telles que l'authenticité et l'amour dans le tissu social. Le concept d'agape, ou amour désintéressé, était un thème central des premiers enseignements chrétiens, soulignant l'importance de l'amour en tant que force unificatrice.

Cependant, le cours de l'histoire montre à quel point ces valeurs intrinsèques ont été éclipsées. La civilisation humaine est aux prises avec des conflits enracinés dans des disparités religieuses, idéologiques ou culturelles. L'essence de l'amour a été négligée alors que les gens défendent farouchement leurs systèmes de croyances distincts, conduisant à des divisions et à une animosité profondément enracinée.

Les Écritures, notamment la Bible, soulignent l'importance de l'amour. Des versets comme 1 Corinthiens 13 :13 et Jean 13 :34 soulignent la primauté de l'amour comme essence des vertus chrétiennes et des relations humaines : « Ainsi maintenant, la foi, l'espérance et l'amour demeurent, ces trois-là ; mais le plus grand d'entre eux est l'amour. » (1 Corinthiens 13 :13 ESV) et « Je vous donne un commandement nouveau : aimez-vous les uns les autres : comme je vous ai aimés, vous aussi, aimez-vous les uns les autres » (Jean 13 :34 ESV).

La triste réalité est que l'humanité, malgré sa capacité d'aimer, a souvent choisi la discorde plutôt que l'unité, au mépris de la vérité fondamentale selon laquelle l'amour doit transcender les différences. Cette focalisation myope sur les croyances personnelles a fragmenté les sociétés, créant des barrières au lieu de favoriser la compréhension et la compassion.

L'appel à reconnaître l'amour comme l'essence de l'identité humaine reste une vérité profonde mais souvent négligée. Adopter cette vérité pourrait ouvrir la voie à un monde où l'authenticité est célébrée, où l'amour devient la pierre angulaire des interactions, transcendant les divisions nées des différentes croyances et idéologies.

## MOMENTS D'AMOUR

Tout au long de l'histoire et à travers divers récits culturels, l'essence du lien de l'humanité avec le divin a été un thème central. Des anciens enseignements philosophiques aux principes spirituels trouvés dans divers textes religieux, le concept de reconnaissance du divin en chaque individu a trouvé un écho.

Des philosophes comme Platon dans la Grèce antique et des influenceurs spirituels comme Bouddha dans l'Inde ancienne ont souligné l'importance de voir le divin en soi et en autrui. Dans le christianisme, les enseignements sur l'amour et l'unité sont prédominants, soulignant l'importance de reconnaître l'image de Dieu en chaque être humain. Des versets tels que Galates 5 :14 affirment ceci : « Car toute la loi s'accomplit en un seul mot : 'Tu aimeras ton prochain comme toi-même.' »

Malgré ces enseignements, l'histoire de l'humanité révèle un ensemble de divisions et de conflits découlant de différences de croyances et d'idéologies. Cette discorde a conduit à un climat dans lequel les individus rivalisent et comparent les religions, manquant souvent la divinité inhérente aux uns et aux autres.

Cette obsession de la supériorité religieuse obscurcit souvent l'essence du but de l'humanité : l'amour.

L'essence de l'existence, selon de nombreuses traditions spirituelles, réside dans l'acceptation de l'amour comme vérité fondamentale de notre être. Si l'humanité pouvait collectivement reconnaître l'amour comme l'essence même, elle pourrait transformer les perspectives, démantelant la peur et les mécanismes de défense. La beauté et la valeur de chaque individu, quelle que soit son appartenance religieuse, deviendraient évidentes.

L'affirmation selon laquelle l'amour devrait être le principe directeur transcende les dogmes et les idéologies religieuses. Cela suggère que si l'amour n'est pas la force centrale qui façonne nos actions et nos interactions, alors rien d'autre – aucune étiquette religieuse ou idéologie – ne peut remplir le véritable objectif de l'humanité.

Le message véhiculé est profond : la religion ultime est l'amour ; un attribut intrinsèque à la nature humaine. Cette perspective appelle à un changement d'orientation des structures religieuses rigides pour adopter la force illimitée et unificatrice de l'amour comme essence de notre existence. Il exhorte l'humanité à voir au-delà des différences superficielles et à embrasser l'amour divin les uns envers les autres comme vérité et religion ultimes.

# CHAPITRE
# DIX

# RÔLE DE L'ÉGLISE

Tout au long de l'histoire, le rôle de l'Église a fait l'objet d'un discours théologique et d'une mise en œuvre pratique. Il est largement perçu comme une institution sacrée destinée à manifester les enseignements et l'incarnation du Christ dans le monde. Depuis les premières communautés chrétiennes jusqu'aux interprétations contemporaines, le rôle de l'Église est souvent caractérisé par sa mission de refléter la lumière de la vérité et de l'amour du Christ pour l'humanité.

Historiquement, la responsabilité de l'Église est profondément ancrée dans le récit biblique. Des Écritures telles que Matthieu 5 :14-16 transmettent ceci : « Vous êtes la lumière du monde. Une ville située sur une colline ne peut être cachée. On n'allume pas non plus une lampe pour la mettre sous un panier, mais sur un support, et elle éclaire tous ceux qui sont dans la maison. De même, que votre lumière brille devant les autres, afin qu'ils voient vos bonnes œuvres et qu'ils rendent gloire à votre Père qui est aux cieux.

L'Église, par essence, est appelée à être un vaisseau qui rayonne l'illumination de la présence du Christ. Elle a pour mission d'être une communauté où la vérité de l'identité du Christ, son lien inséparable avec l'humanité et l'unité de la création sous sa seigneurie sont reconnues et proclamées avec ferveur. Cette affirmation fait écho à Colossiens 1 :17 : « Et il est avant toutes choses, et en lui toutes choses subsistent. »

Le mandat de l'Église ne se limite pas aux seules questions spirituelles. C'est un appel à s'engager dans toutes les facettes de l'existence humaine. Des études théologiques aux implications pratiques dans des domaines tels que la gestion de l'environnement, la politique, l'économie, l'éducation et la guérison sociale, l'Église est encouragée à explorer les vastes implications de l'identité du Christ pour toutes les dimensions de la vie. Cela correspond à la directive biblique de 2 Corinthiens 10 : 5 : « Nous détruisons les arguments et toute opinion élevée contre la connaissance de Dieu, et nous capturons toute pensée pour obéir à Christ. »

En accomplissant cet appel, l'Église sert de témoin au monde – de phare qui proclame la réalité aux multiples facettes de Jésus-Christ, le Fils de Dieu, l'incarnation de la sagesse divine et l'essence de toute la création. Le but ultime est que la connaissance du Seigneur, suscitée par le témoignage de l'Église, imprègne la totalité de la terre, à l'image des eaux qui recouvrent la mer. Cela reflète la promesse contenue dans Habacuc 2 :14 : « Car la terre sera remplie de la connaissance de la gloire de l'Éternel, comme les eaux couvrent la mer. »

L'Église se présente donc comme un témoignage vivant de la réalité expansive et transformatrice de Jésus-Christ, cherchant à éclairer chaque recoin de l'existence avec les profondes implications de son identité et de sa présence.

## PRATIQUANTS DE LA PAROLE, PAS SEULEMENT DES AUDITEURS

En contemplant l'exhortation à « mettre en pratique la parole », nous plongeons dans un impératif qui transcende la simple obéissance superficielle. Le passage biblique de Jacques 1 : 22-25 exhorte les croyants à ne pas se limiter à la simple réception auditive de la Parole mais à l'incarner par l'action.

Cette instruction, enracinée dans l'épître de Jacques, constitue historiquement un guide important dans l'enseignement chrétien. L'appel à être plus que de simples auditeurs de la Parole est souligné par l'analogie d'une personne regardant son reflet dans un miroir, puis s'éloignant, oubliant rapidement son apparence. Cette analogie visuelle s'étend au-delà de la réflexion physique ; il évoque l'acte de s'observer dans le miroir de la vérité divine.

Dans ce contexte, le concept d'être « exécutant » va au-delà de la simple conformité ; cela fait écho au sens riche du terme grec « poietes », suggérant un interprète ou un poète. Cette nuance linguistique met l'accent sur l'expression inspirée et l'engagement passionné avec la Parole.

En examinant l'expression « la loi parfaite de la liberté », nous rencontrons une invitation à faire l'expérience d'une liberté universelle et éternelle qui découle d'une source sans tache. Cette exhortation encourage non seulement à écouter mais aussi à absorber la Parole d'une manière qui inspire une expression créative – une expression née d'une véritable révélation.

Une interprétation réfléchie de Jacques 1 : 25 pourrait souligner l'importance d'une écoute attentive, exhortant les croyants à écouter attentivement et permettant à la vérité de susciter en eux une expression inspirée. Cette expression sert de catalyseur à l'action, poussée par la conviction née de ce qui a été entendu et vu dans la Parole.

Cette perspective réfléchie invite les individus non seulement à effleurer la surface de la vérité divine, mais à s'y plonger, permettant à la Parole d'évoquer le poète et l'artiste intérieur. Par conséquent, lorsque les individus agissent en accord avec cette profonde révélation, ils trouvent un épanouissement et une affirmation dans leurs actions. Cette interprétation de Jacques 1 : 25 dévoile une compréhension plus profonde et plus transformatrice du fait d'être « ceux qui mettent la parole en pratique » que la simple conformité : elle appelle à une réponse inspirée et passionnée à la vérité divine, conduisant à une action résolue et à un épanouissement personnel.

CHAPITRE DIX

# CE QUE NOUS ENTENDONS

Le concept de la Parole, tel qu'énoncé par Jean, ne se limite pas aux dernières modes d'idées révélatrices, mais remonte au tout début de l'existence. En Christ, cette pensée primordiale de Dieu a été préservée et réalisée depuis la nuit des temps. Cette Parole, cependant, ne peut pas être limitée aux textes écrits, pas même aux écritures les plus vénérées. Paul, dans son épître, élucide ce concept en soulignant la sagesse de Dieu comme quelque chose de profond, résidant dans les profondeurs de l'intention divine. Il ne s'agit pas d'une connaissance contemporaine mais plutôt d'une vérité ancienne – l'essence du dessein de Dieu qui est antérieur à notre existence (1 Cor. 2 :6-9 MSG).

L'accord pourrait être que la Parole, présente au début, avec Dieu et bien Dieu, n'est pas un simple livre mais une personne – la Vérité personnifiée. Les vérités contenues dans les Écritures sont des panneaux indiquant cette Vérité : une personne qui n'est pas confinée dans les couvertures d'un livre. Même à l'époque de Jésus, beaucoup révéraient les Écritures mais ne parvenaient pas à en saisir l'essence. Le Christ s'est adressé aux érudits religieux, affirmant que les Écritures pointaient finalement vers Lui, la source de la vie éternelle. Pourtant, malgré sa présence parmi eux, ils n'étaient pas disposés à embrasser la vie qu'il leur offrait.

À l'époque contemporaine, les messages souvent inondés de références scripturaires peuvent rater leur cible en se concentrant sur des formules et des principes, perdant de vue l'essence : le Christ intérieur. Le désir est que le Christ se manifeste, non seulement par une éloquence doctrinale, mais à travers des individus, s'exprimant en eux et à travers eux.

Cette Parole immuable n'est pas une invention récente mais une vérité éternelle. Même avant la conception du temps, Dieu avait déjà déterminé son intention à notre égard. Avant toute action de notre part, Il nous avait choisis, identifiés et connus intimement, tous dans le royaume de Christ (Éphésiens 1 : 4). L'avènement du Christ devait révéler ce que Dieu avait initialement vu et envisagé dans l'humanité, suscitant son profond intérêt et son investissement à notre égard. Cette révélation illustre l'amour intemporel de Dieu et son dessein pour l'humanité, existant au-delà des contraintes temporelles.

## COMMENT NOUS ENTENDONS

La mise en garde de Jésus sur la façon dont nous entendons – « Faites donc attention à la façon dont vous entendez » (Luc 8 : 18) – est empreinte d'une profonde sagesse. C'est une directive qui parle de la nature de l'audition, où la réceptivité de chacun détermine l'abondance de compréhension reçue. Dans le contexte de la parabole du semeur, Jésus a comparé la Parole de Dieu à des graines semées dans diverses conditions, illustrant les diverses manières dont les gens la reçoivent et y réagissent, ce qui entraîne différents niveaux de fécondité.

Considérez la graine qui tombe sur le chemin, incapable de prendre racine et de produire du fruit. Il symbolise une écoute désinvolte et indifférente, où l'individu, non préparé ou peu réceptif, ne parvient pas à vraiment saisir le message. C'est comme ne pas entendre le message du tout.

Ensuite, il y a la graine sur un sol rocheux. Il trouve un peu de terre mais manque de profondeur, ce qui rend la germination de courte durée. De même, certains qui entendent l'Évangile se précipitent à l'action, tentant des changements immédiats sans intérioriser le message. Leur enthousiasme s'estompe face aux contradictions, faute d'une compréhension profonde qui transforme la perception.

La progression dans ces exemples reflète la profondeur de la compréhension de l'audition, en corrélation avec l'impact qui en résulte. Un autre scénario implique des individus ayant une certaine compréhension approfondie. Ils permettent à la Parole d'influencer leur point de vue, mais entretiennent également d'autres influences, entravant le plein potentiel de fécondité de la graine.

Enfin, la bonne terre représente ceux qui embrassent profondément ce qu'ils entendent, lui permettant de transformer leur cœur. Cette façon d'entendre captive, embrasse la Parole jusqu'à ce qu'elle devienne une partie indissociable de leur être. Ils créent un environnement dans lequel la graine s'épanouit naturellement. Les paroles de Jésus sur le fait de demeurer en Lui soulignent la nature sans effort et reposante de cette union, où beaucoup de fruits sont portés non pas par un effort ardu mais par un état d'étreinte reposante et d'alignement avec ses enseignements.

## CE QUE NOUS AVONS VU ET CONTEMPLÉ

À travers les Écritures, l'acte de voir, sous ses diverses formes, révèle une profonde compréhension. John, en particulier, articule avec éloquence les différents niveaux de perception, depuis la simple observation jusqu'au regard attentif de la vérité. Il utilise deux termes grecs distincts pour « voir » : « horao » et « theaomai », chacun portant ses nuances, révélatrices d'une progression dans la perception.

Le terme initial, « horao », implique plus que la simple vue : il s'agit de discernement, d'attention et de regarder attentivement. Pourtant, le terme suivant, « theaomai », intensifie l'acte de voir, nous incitant à observer de près, à percevoir au-delà de la surface. C'est une invitation à approfondir, à témoigner au-delà de l'évidence et à permettre à l'essence profonde du message d'envelopper les sens. Le regard continu favorise la transformation, conduisant au dévoilement de sa vraie nature, non pas comme quelque chose de nouveau mais comme une restauration à l'état d'origine.

Cette transformation, telle qu'expliquée dans 2 Corinthiens 3 :18, ne consiste pas à devenir quelqu'un de différent mais plutôt à évoluer vers le dessein original : l'image de Dieu, évoluant d'une gloire à une autre. Cette évolution vers notre vrai moi, en tant qu'enfants de Dieu, trouve une résonance dans 1 Jean 3 : 2-3, où l'idée de contempler Christ révèle un avenir où nous deviendrons semblables à Lui.

Ces versets lient de manière complexe la transformation à la contemplation. Lorsqu'on commence à percevoir la perspective de Dieu, l'enthousiasme surgit, suscitant une réponse naturelle : l'adoration. Cette adoration alimente un désir d'approfondir, de voir plus intensément, et dans cette quête, la transformation s'épanouit.

Il n'existe pas de meilleur catalyseur pour une transformation qui change la vie que l'acte de contempler ce mystère, de voir au-delà de la simple surface, permettant à la profondeur de cette révélation de captiver l'âme. Cette transformation est un retour à notre conception originale, un déploiement de notre essence divine.

La signification historique réside dans les pratiques anciennes où la vue ne consistait pas seulement à percevoir le visuel, mais aussi à comprendre, discerner et embrasser des vérités plus profondes. Ce concept profond de vision résonne dans toutes les cultures et philosophies, soulignant le pouvoir de la perception pour façonner les croyances et les actions.

Par conséquent, la clé ne réside pas dans une méthode ou un processus, mais dans l'acte profond de regarder, de percevoir et de permettre à la vérité de notre identité divine de se déployer - une transformation déclenchée par la contemplation des profondeurs de la vérité de Dieu et l'acceptation de notre identité inhérente en tant qu'enfants de Dieu.

## LE ROYAUME EST ARRIVÉ

L'environnement de l'amour est un lieu où chaque âme se trouve sur un pied d'égalité, où les insécurités se dissolvent et où les cœurs battent d'une joie débridée. Cela fait écho à l'essence de la prière du Christ pour la volonté du ciel sur terre, une prière enracinée non pas dans la création d'un nouveau royaume, mais dans la révélation d'une vérité éternelle : l'amour. « Que votre volonté soit faite sur la terre comme au ciel » (Matthieu 6 : 10) ne parle pas de transformation géographique mais de découverte et de partage de l'amour les uns avec les autres, une incarnation du meilleur du ciel.

Imaginez un monde où chaque recoin, chaque être s'éveille au paradis intérieur – un espace dépourvu de soupçons ou de motifs cachés, un royaume où la gentillesse règne, la patience s'épanouit et l'arrogance ne trouve aucun pied. « L'amour est patient, l'amour est bon » (1 Corinthiens 13 : 4) résume cet idéal : l'amour, la pierre angulaire de ce paradis.

L'incarnation annonçait une percée ; c'était le Père dévoilant la vérité, introduisant la véritable lumière, incarnée en Jésus-Christ. « Je suis la lumière du monde. Celui qui me suit ne marchera jamais dans les ténèbres, mais aura la lumière de la vie » (Jean 8 : 12). En Christ, Dieu a révélé une nouvelle aube : un monde non pas basé sur le plaidoyer auprès d'une divinité en colère, mais sur la familiarisation d'une humanité hésitante avec la bonté et l'amour sans limites de Dieu.

Nos sens n'ont pas encore pleinement saisi l'énormité de l'amour de Dieu. « Aucun œil n'a vu, aucune oreille n'a entendu, aucun esprit n'a conçu ce que Dieu a préparé pour ceux qui l'aiment » (1 Corinthiens 2 :9). Nous n'avons fait qu'effleurer la surface, plongeant simplement nos orteils dans l'océan de son amour sans limites. Malgré nos efforts, nous avons à peine effleuré la surface de ses profondeurs insondables. Nos mots et nos pensées effleurent simplement l'oasis, incapables d'exprimer la grandeur de cet amour incommensurable.

C'est une idée fascinante : éveiller les esprits des gens, en dévoilant les trésors qu'ils portent en eux et les uns dans les autres. Cela nous invite à célébrer l'amour inhérent que nous portons, en mettant de côté les barrières de croyance, de politique ou de race. « Avant tout, aimez-vous profondément les uns les autres, car l'amour couvre une multitude de péchés » (1 Pierre 4, 8). C'est une invitation à reconnaître le potentiel latent de connexion et d'empathie, nous exhortant à regarder au-delà de la superficialité et à embrasser la profonde richesse de l'amour au sein de la tapisserie de l'humanité.

Je suis déterminé à susciter l'enthousiasme des gens pour le trésor qu'ils portent et qu'ils ont les uns dans les autres !

Je suis déterminé à susciter l'enthousiasme des gens pour le trésor qu'ils portent et qu'ils ont les uns dans les autres !

*Nous avons permis à tant de distractions invalides d'occuper nos esprits avec des pensées qui se concentrent sur l'échec plutôt que sur la valeur... Le Sauveur Jésus est venu pour toujours référencer et sauver votre valeur authentique. Il n'y a rien de mal dans votre dessein ou dans votre salut !*

*Vivez avec audace de la certitude de votre plénitude en lui ! Regardez profondément dans le miroir ! (2 Corinthiens 3 :18 ; 2 Corinthiens 4 :7 ; 2 Corinthiens 5 :14,16.*

# CONCLUSION

Dans la grande tapisserie de la vie, la conclusion n'est pas la fin mais le seuil d'un nouveau départ – une invitation à embrasser la vérité dévoilée de notre existence. Alors que nous disons adieu aux pages du « Regard Sacré », ce n'est pas simplement un dernier chapitre mais une rampe de lancement vers un voyage enrichi à venir – un voyage dans la profondeur de notre connexion et de notre identité Christique.

Tout au long de cette odyssée, nous avons parcouru les couloirs de la découverte de soi, révélant l'énigme de notre être. Nous avons sondé les profondeurs de l'intimité divine, dénouant le fil sacré qui nous lie intimement au Créateur. Ce voyage n'a pas consisté à atteindre une destination mais à embrasser un voyage de toute une vie – une expédition au cœur de l'amour de Dieu pour nous et du reflet de cet amour.

N'oubliez pas que « Le Regard Sacré » n'est pas seulement une compilation de mots mais une invitation murmurée à percevoir le monde à travers le prisme de l'amour divin. C'est une mosaïque vibrante de révélations et de réflexions qui font écho à la vérité intemporelle : vous êtes complexement conçu et profondément chéri par Dieu.

Alors que nous concluons ce livre, ravivons les étincelles allumées en nous – les étincelles de reconnaissance que nos vies sont une toile irisée peinte de traits de dessin divin. Chaque trait, chaque ligne parle d'un chef-d'œuvre en devenir : votre vie, étroitement liée à la grandeur du plan du Créateur.

Au cœur du « Regard sacré » se trouve l'essence de la communion divine : une invitation à demeurer en présence de Dieu, non seulement en tant qu'invité éphémère, mais en tant qu'habitant chéri. Il nous invite à demeurer dans l'étreinte du divin, où chaque battement de cœur résonne au rythme de l'amour du Créateur.

Que cette conclusion serve de catalyseur à l'action et non de fin de contemplation. Laissez les vérités dévoilées dans ces pages s'infiltrer dans le tissu de votre existence. Laissez-les façonner vos pensées, vos paroles et vos actions, vous guidant vers une vie imprégnée de but et de connexion divine.

Ce voyage ne se limite pas aux limites de ce livre. Il s'étend au-delà de ces pages, dans la tapisserie de votre vie quotidienne. Accueillez-le avec ferveur. Portez le flambeau de la révélation divine, éclairant le chemin de ceux qui cherchent du réconfort dans la chaleur de l'amour divin.

Au milieu de la cacophonie du monde, au milieu des incertitudes tourbillonnantes et au milieu des clameurs de validation, souvenez-vous de votre identité sacrée, gravée par la main du Divin. Vous êtes terriblement et merveilleusement créé, destiné à une vie mêlée à la symphonie de l'amour divin.

« Le Regard Sacré » n'est pas un adieu ; c'est une introduction, un prélude à un voyage de toute une vie dans les profondeurs de la communion divine. Laissez-le s'attarder dans vos pensées, résonner dans vos prières et résonner dans vos interactions. Laissez-le être un phare guidant vos pas vers une vie vécue dans le rayonnement de l'intimité divine.

En clôturant ce chapitre, emportez avec vous les révélations de votre identité sacrée, les échos de l'amour divin et l'assurance que vous faites partie intégrante du grand récit du Créateur. Le regard sacré n'est pas seulement un regard fugitif ; c'est une communion éternelle avec le divin, vous invitant à vivre authentiquement, à aimer sans réserve et à briller de mille feux comme le reflet de l'essence divine du Créateur.

Que les échos de ce voyage sacré persistent dans votre âme, résonnant avec la vérité profonde : vous êtes chéri, vous êtes aimé et vous êtes une incarnation de la grâce divine. Que cette conclusion soit le début d'une vie vécue dans la splendeur de l'intimité sacrée.

# RESSOURCES ADDITIONNELLES :

1. **Méditations guidées** : Nous disposons de guides audios et écrits pour les pratiques méditatives qui peuvent vous aider à approfondir votre expérience de contemplation sacrée.

2. **Cahiers interactifs** : restez à l'écoute et soyez également informé de la sortie du cahier d'exercices du « Regard Sacré ».

3. **Recommandations de lectures complémentaires** : Lire « Le Vide 1 & 2 » d'Alain Léa ; «De l'Incarnation» d'Athanase Alexandrie

4. **Communauté ou forum en ligne** : Rejoignez nos plateformes en ligne (Site internet, Facebook, Instagram, YouTube etc....)

5. Voici quelques témoignages d'individus qui ont vécu des voyages transformateurs à travers les enseignements du « Regard Sacré » :

### Témoignage 1 : L'histoire de Sarah

« Avant d'entrer en possession du Regard Sacré, j'étais perdu dans le chaos de la vie quotidienne, me sentant déconnecté et spirituellement à la dérive. Mais ce livre m'a ouvert les yeux sur une vérité profonde : je suis intimement lié au plan divin. Les pratiques de contemplation et de reconnaissance La proximité de Dieu en moi a changé ma vie. J'ai fait l'expérience d'une nouvelle paix et d'un sens du but qui résonne à chaque instant. « Regard sacré » ne m'a pas seulement appris ; il a éveillé une compréhension plus profonde de mon identité et m'a aidé à redécouvrir ma relation avec Dieu. »

## Témoignage 2 : le parcours de Mark

La lecture du Regard sacré a été un tournant dans mon cheminement spirituel. J'avais l'habitude de voir la foi comme un ensemble de règles et d'obligations, mais ce livre a révélé une perspective différente. L'idée que l'amour et la présence de Dieu sont en moi a changé tout mon paradigme. Il ne s'agissait pas de s'efforcer d'être « assez bon », il s'agissait de m'éveiller à la réalité selon laquelle je suis aimé et accepté tel que je suis. Cette révélation m'a apporté un sentiment de liberté et de joie dont j'ignorais l'existence. Gaze m'a aidée à embrasser ma véritable identité et à vivre authentiquement dans l'amour de Dieu.»

## Témoignage 3 : Témoignage de Maria

«En tant que personne qui luttait avec sa propre estime de soi et son but, Le Regard Sacré était une lueur d'espoir. J'avais l'impression que je cherchais toujours à obtenir quelque chose, mais ce livre m'a montré que j'étais déjà profondément chéri par Dieu. Les pratiques de la contemplation méditative m'a permis de voir moi-même et les autres à travers une lentille d'amour et de compassion. Cela m'a aidé à briser les barrières du jugement et à embrasser une vie remplie de gratitude et d'acceptation. « Regard sacré » a été une lumière directrice dans mon voyage vers l'auto- découverte et croissance spirituelle.

## Témoignage 4 : L'expérience de David

«Les enseignements de 'Regard Sacré' ont été une révélation dans ma vie. Ils m'ont aidé à m'éloigner d'un lieu d'obligation religieuse vers un espace de connexion authentique avec Dieu. L'accent mis sur la proximité de Dieu en nous a modifié ma perspective sur la prière et la contemplation. « Il ne s'agissait pas de chercher Dieu dans des endroits lointains mais de reconnaître sa présence en moi. Cette prise de conscience m'a donné un sens renouvelé du but et une relation plus profonde et plus intime avec Dieu. « Regard sacré » a joué un rôle déterminant dans mon voyage vers un compréhension spirituelle plus profonde.

Ces témoignages montrent comment « Regard Sacré » a touché la vie des individus, les guidant vers des liens spirituels plus profonds, la découverte de soi en Christ et une compréhension plus profonde de leur relation avec Dieu.

6. **Cours en ligne** : le cours en ligne sera disponible dans les trois prochains mois à compter de la date de publication officielle de ce manuscrit.

Ces annexes ou ressources supplémentaires peuvent améliorer considérablement le parcours du lecteur, en offrant des outils pratiques, des informations supplémentaires et des pistes pour une exploration plus approfondie des thèmes du livre.

# RETOUR À LA MAISON

Cher Père, dans la liberté de ton amour infini et dans la sécurité de ton étreinte divine, je reconnais que Jésus-Christ est ton Fils éternel. Je me suis perdu dans mes propres ténèbres, au lieu de vivre dans ta joie, je suis devenu paralysé intérieurement. Au lieu de recevoir ton amour, mon âme a été troublée. Aujourd'hui, je reconnais et je crois que la vie de Jésus, depuis sa naissance jusqu'à son siège à la droite de Dieu, s'est faite par procuration. J'ai été co-crucifié avec Jésus, je suis co-mort sur la croix avec Lui ; J'ai été co-enterré avec Lui ; le troisième jour, je suis ressuscité d'entre les morts avec Lui ; Je suis monté en haut avec Jésus et je suis également assis à ta droite avec lui. Je reconnais dans mon cœur et j'accepte le fait que Jésus-Christ est le Seigneur de tout et de tout !

Je me donne aujourd'hui avec amour pour toi, tout comme tu t'es donné avec amour pour moi et pour moi. Me voici Père, Jésus et Saint-Esprit, Aimez-moi. Amen !

**Bienvenue à vos vrais sens !**

Le Père, le Fils et le Saint-Esprit vous accueillent et célèbrent votre retour [retour à la juste conscience de vos origines et de votre identité]. Vous participez à l'œuvre salvatrice et à la vie de

Jésus-Christ. Le voyage d'amour et de découverte a commencé. Il est important que vous grandissiez continuellement dans la connaissance de l'amour, de la personne et de l'œuvre accomplie de Jésus-Christ en permettant à votre âme d'être nourrie des paroles de grâce. Car vous avez été crucifié avec Christ, ce n'est plus vous qui vivez, mais Christ vit en vous. Par conséquent, les termes co-crucifié et vivant avec Christ vous définissent maintenant. Christ en vous et vous en Lui. C'est une bénédiction de savoir que la vie que vous vivez repose entièrement sur la foi d'un autre (Jésus-Christ), vous n'avez donc plus à vous inquiéter à partir de maintenant. Il vous a soutenu du début à la fin. Vivez votre vie en étant submergé par l'opinion de Dieu à votre égard.

Je vous conseille de trouver une église locale Christo-centrée pour en savoir plus sur Jésus, son Père et son Saint-Esprit ; alors vous découvrirez qui vous êtes réellement et ce qui vous appartient déjà en vertu de votre union avec Dieu. Célébrez qui vous êtes déjà dans la famille de Dieu chaque jour de votre vie.

*Vous avez de la valeur aux yeux de Dieu !*

# REMERCIEMENTS

La gratitude coule du plus profond de mon cœur alors que je réfléchis à l'incroyable voyage qui a consisté à donner vie au « Regard Sacré ». Cette bénédiction est le fruit d'un effort de collaboration et je suis profondément reconnaissant envers ceux qui ont joué un rôle central dans sa création.

Avant tout, ma plus profonde gratitude va à Dieu et Père de notre Seigneur Jésus-Christ, qui est la source de toute inspiration et sagesse. La direction divine de votre Esprit a été la boussole dirigeant chaque mot et chaque sentiment contenu dans ces pages. Puisse cette œuvre témoigner de votre grâce sans limites envers cette génération et celles à venir.

À ma famille, dont le soutien indéfectible a été mon point d'ancrage tout au long de cette entreprise. Vos encouragements, votre patience et votre compréhension ont été la base sur laquelle repose ce projet. Merci d'être ma source constante d'inspiration.

Un merci sincère à tous les membres du CIAN à travers le monde, qui ont fourni des informations précieuses, des encouragements et des commentaires constructifs. Vos diverses perspectives ont enrichi la tapisserie de ce livre, le rendant plus inclusif et plus résonnant.

J'exprime ma gratitude à l'équipe éditoriale et éditoriale dévouée de Christ In All Nations Publishing dont l'expertise et l'engagement ont façonné le « Regard Sacré » dans sa forme finale. Votre diligence et votre passion pour l'excellence ont joué un rôle déterminant dans la concrétisation de cette vision.

Enfin, aux lecteurs, merci de vous lancer dans ce voyage avec moi. Que les mots contenus dans ces pages résonnent avec votre âme et éclairent votre chemin vers une compréhension plus profonde du sacré intérieur.

Avec mes sincères remerciements,

Alain Léa

# VOUS ÊTES-VOUS AMUSÉ ?

Si vous avez aimé lire ce livre, nous vous invitons à nous aider à atteindre quelqu'un que vous connaissez avec ce bel évangile. Nous avons une liste de différentes façons dont vous pourriez être une bénédiction dans la vie de quelqu'un d'autre. Si vous souhaitez réserver l'auteur pour parler à votre organisation ou groupe, ou si vous souhaitez que les dirigeants de l'église locale que vous fréquentez contactent l'auteur, veuillez leur envoyer cet e-mail : connect@christinallnations.org. Toute invitation à une allocution sera examinée par notre équipe et nous vous répondrons, vous ou vos dirigeants, dans les plus brefs délais.

**Quelques idées pour vous aider à partager ce livre avec d'autres :**

∞ Offrez le livre à des amis, même à des inconnus, en cadeau. Il ne s'agit pas seulement d'une aventure captivante et passionnante qui fait tourner les pages, mais aussi d'un magnifique aperçu de la vraie nature de Dieu qui n'est pas souvent présentée dans les cultures du monde entier aujourd'hui.

∞ Si vous avez un site Web ou un blog, pensez à partager un peu le livre et la manière dont il a touché votre vie. Ne dévoilez pas l'intrigue, mais recommandez-leur de la lire également.

∞ Rédigez une critique de livre pour votre journal local, votre magazine préféré ou le site Web que vous fréquentez. Demandez à votre émission de radio ou podcast préféré d'inviter l'auteur en tant qu'invité. Les professionnels des médias accordent souvent plus d'attention aux demandes de leurs auditeurs qu'aux communiqués de presse des publicistes.

∞ Si vous possédez un magasin, une entreprise ou si vous êtes pasteur d'une église, pensez à exposer ces livres sur votre comptoir pour les revendre aux clients. Nous mettons des livres à disposition à un tarif réduit pour la revente. Pour les particuliers, nous proposons des tarifs réduits sur volume pour les commandes de cinq livres ou plus achetés directement auprès de Christ In All Nations.

∞ Achetez un ensemble de livres comme cadeaux aux refuges, écoles, prisons, maisons de réadaptation, bibliothèques en difficulté. Les gens seront vraiment encouragés par le message.

∞ Parlez du livre sur les listes de diffusion sur lesquelles vous êtes, les forums que vous fréquentez et d'autres endroits où vous engagez d'autres personnes sur Internet. Partagez l'impact de ce livre sur votre vie et offrez aux gens le lien de la plateforme que vous avez utilisée pour l'acheter.

Pour plus d'informations, veuillez visiter le site Web ci-dessous :

www.christinallnations.org/

# AUTRES LIVRES D'ALAIN LÉA

Le vide 1 et 2

Et maintenant?

Cœur à Cœur

Libéré des peurs

Embrasser la tranquillité

# A PROPOS DE L'AUTEUR

Alain Léa, ambassadeur mondial de l'Évangile trinitaire, a parcouru les continents pendant plus d'une décennie, illuminant le monde avec la profonde simplicité de la vérité de l'Évangile. En tant que directeur estimé de Christ dans toutes les nations, l'apôtre Lea a encadré et équipé de nombreux ministres aux États-Unis et dans le monde. Ses disciples, dispersés à travers le monde, transmettent ardemment le message divin à des millions de personnes en quête de la révélation des fils de Dieu.

Auteur illustre, Alain Léa a écrit une série de livres percutants, de l'éclairant « Embrasser La tranquillité en Christ » aux volumes stimulants de « Le Vide 1 et 2 », en passant par « Et Maintenant ? », « Se Libérer des Peurs » et «Cœur à Cœur.» Ses prouesses littéraires, alliées à une compréhension inégalée de l'Évangile et des subtilités de la souffrance humaine, ont inspiré sa collection diversifiée d'œuvres littéraires.

Tout au long de son service dévoué envers le Seigneur et l'humanité, Alain Léa a méticuleusement élaboré divers supports pédagogiques aux formats imprimé, audio et vidéo. Son ministère distribue gratuitement et avec ferveur ces ressources inestimables, répondant à la faim spirituelle de ceux qui recherchent l'amour sans limites de Dieu.

Pour toute demande de renseignements et de connexions, Alain Lea accueille tout contact à cconnect@christinallnations.org, perpétuellement motivé par son engagement inébranlable à partager l'amour et la sagesse de Dieu avec le monde.

www.ingramcontent.com/pod-product-compliance
Lightning Source LLC
Chambersburg PA
CBHW061759070526
44586CB00023B/2640